わたしが「わたし」を助けに行こう

自分を救う心理学

橋本翔太
公認心理師

サンマーク出版

なんで、わたしはこんなにダメなの。
もうイヤ、誰か助けてよ……。

昔からいつもそうだった。
誰もわたしのことわかってくれない。
誰もわたしのこと助けてくれない。

——そのとき、声が聞こえた。

ボクがいつも君の隣にいて、助けてきたんだよ。
ボクは君の気持ちを誰よりも、一番理解しているよ。

大変なとき、
ボクはいつも君を支えてきたよ。

え？　あなたは誰なの？

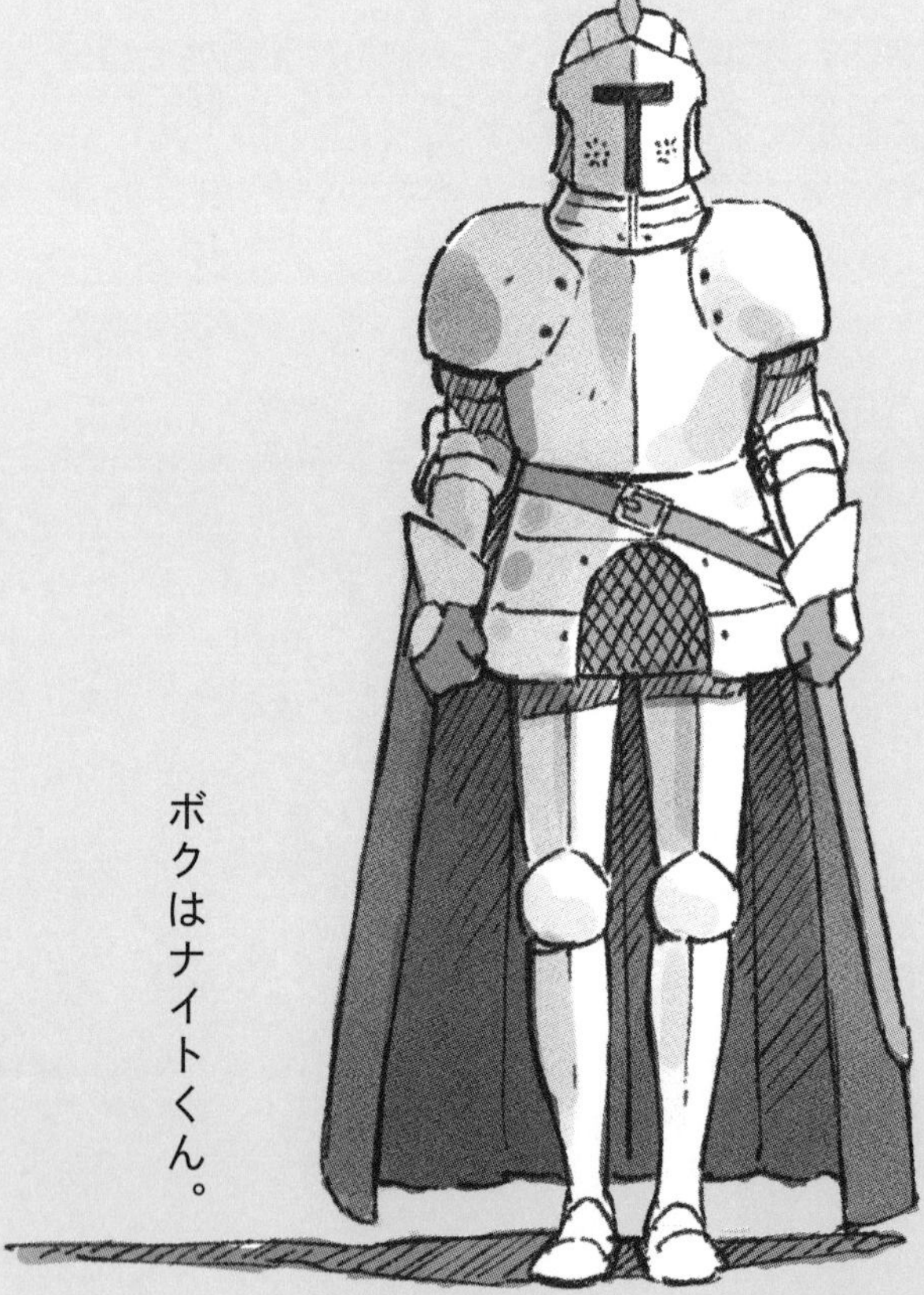

ボクはナイトくん。

——そこにいたのは、わたしだった……。

え!? わたしが、わたしを助けてくれていたの?
でもじゃあ、なんでいまもこんなに苦しいの?
ちっともうまくいかないの。

その理由を教えるよ。さあ、一緒に行こう。
一緒に君を助けに行こう。

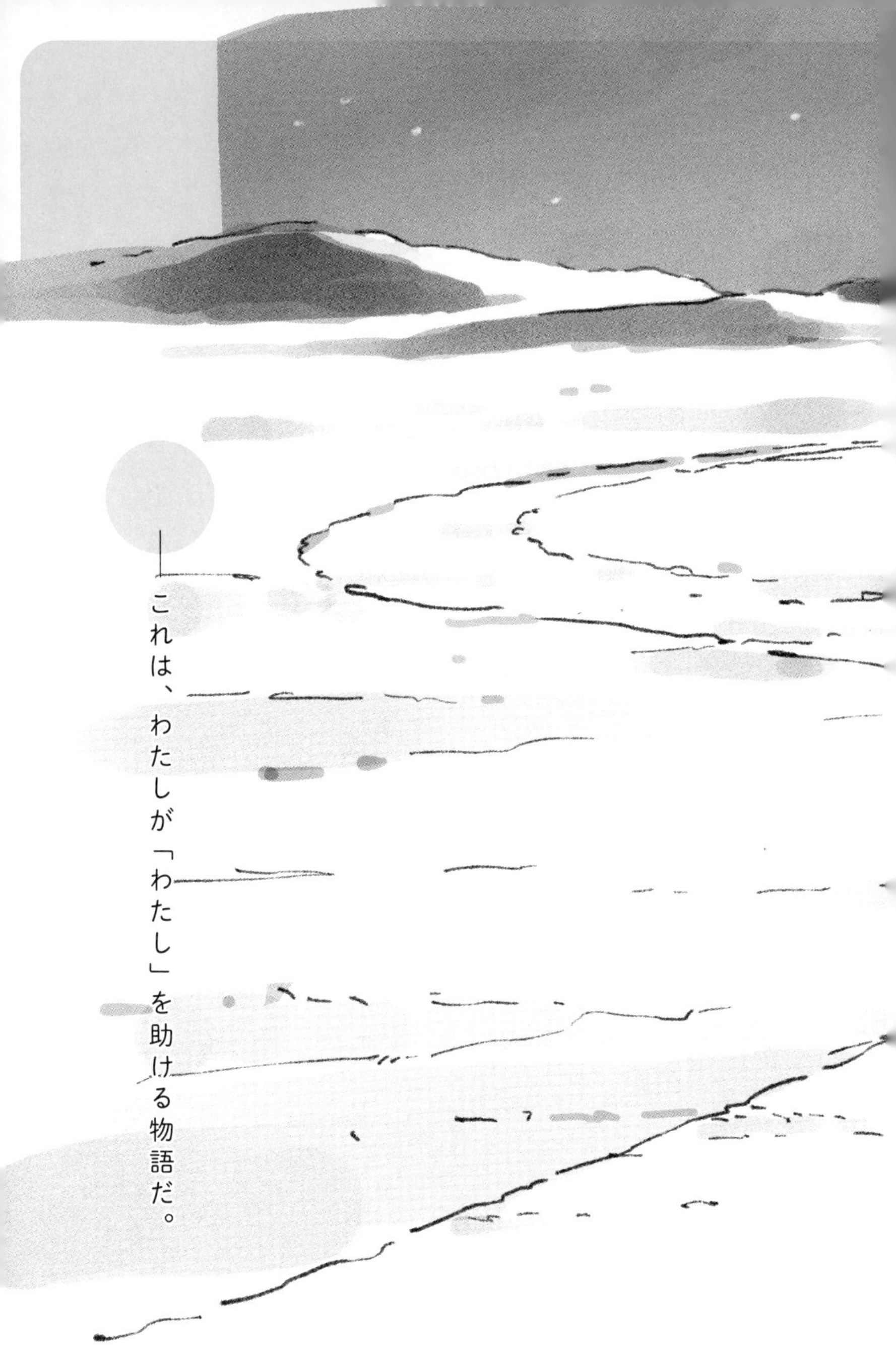

――これは、わたしが「わたし」を助ける物語だ。

プロローグ

あなたが、あなたを助けることができる

あなた自身の謎とは？

「人間関係、仕事、お金、家族……なんで悩みが尽きないのだろう？」

「自分の性格がイヤ。どうしてうまくいかないのだろう」

「かなえたい夢があるのに、うまくいかない」


私たちは、いつも多くの問題を抱えています。

そのせいで苦しみ、思うように人生が運ばず、悩みます。

生きづらさや、人間関係や仕事の悩みという、マイナスを乗り越える問題。

夢をかなえて自己実現したいという、プラスを目指すときに出てくる問題。

どちらの問題も早く解決して手放して、早くなりたい自分に変化したい。

そう強く願っています。


なのに、なぜうまくいかないのでしょうか？

この本では、その「なぜ？」の理由を心の深いところまで探り、あなたも知らなかった「あなた自身の謎」を解いていきます。

それが本当の問題解決につながり、あなたの人生を飛躍へと導きます。


さっそく、その心の深いところについてお話ししますね。

あなたがうまくいかないこと。

あなたが問題を繰り返してしまうこと。

あなたがなかなか解決できないこと。

これらに、じつは大きな「意味」と「目的」がある――。

そして、その「意味」と「目的」とは――。

あなたを守ること。


そういわれたら、どんな気持ちがしますか？

いまはまだ信じられないかもしれません。

じつは、**あなたが抱えている問題、悩みは「あなたを守るために」存在しています。**


早く解決して消去してしまいたい問題や悩みの裏側には、あなたを守るという役目があるのです。

それが、「問題の本当の姿」。

あなたを守ろうとしてあなたの心が生み出した、もうひとりのあなたです。

あなたの心の防衛の役目を担っています。


この「もうひとりのあなた」と「いまのあなた」、それぞれの行き違いが、いろんなことがうまくいかない根本原因になっているのです。

いきなりそういわれてもピンとこないかもしれません。

ですが、読み進めるうちにご理解いただけると思います。

そして、これを解決できるのはあなたしかいません。

あなたにしかできないのです。

言い方を換えると、**誰に頼るのでもなく、あなたがあなた自身を助けることができるのです。**

あなたの中に、あなたの人生を変える力がたしかにあるのです。


この本を通し「問題の本当の姿」を見つけ、自分自身の理解を深めていきましょう。

すると、まるで自分自身の謎が解けていくかのように、いままで、なぜうまくいかなかったのかが深く理解できるようになります。

そして、人生が大きく変化しはじめます。

あなたの中にもある「自分を助ける力」

申し遅れました。

公認心理師の橋本翔太と申します。

心理療法・栄養療法・音楽療法の3つの柱を通して活動する中で、いつも目指しているのは、クライエントさんの自立です。

自分の中の大きな力に気づいてもらい、その力を取り戻していただき、自分の力で自分の問題を解決できるようになってもらうことです。


誰かに助けを求めることは、時に必要。

ですが、**誰しも自分で自分を助ける力を本当はもっています。**

それを放棄して他人に寄りかかり過ぎてしまったり、助けてくれる誰かを探しつづけてしまったりする——。

すると、自分の中にある「自分を助ける力」を忘れ、失っていきます。

しかし、問題の本当の姿を見抜き、自分で心を落ち着かせ、自分で問題を解決できる力を身につけることができれば、いたずらに問題を怖がることがなくなります。

自分自身を信じて頼れる感覚、つまり自己信頼が高まり、私は大丈夫なのだという自信につながります。

擦り切れるほど聞いた言葉だと思いますが、「自分を信じる」ということがどういうことなのかが体感覚でわかるようになります。

しかし現代、本当に多くの方が、自分自身の力を信じられなくなっています。**私もそのひとりでした。そのせいでつらい思いを何度も繰り返していました。**

皮肉なことに、ずっと孤独にがんばってきた方ほど、ひとりでがんばることに疲れ果て、どこかで自分のことを半ばあきらめていたりします。

その反動で「助けてくれそうな誰か」を心の底ではいつも欲しており、頼れそうな他者が現れると、時にしがみつき執着してしまうこともあります。

特に、幼い頃からつらい経験が多い人。

あるいは養育者（主に親）との関係で、つらい思いをすることが少なくなかった人。

そんな人は、自分を助けてくれる誰か、他者が現れることを大人になったいまも切望しています。

言い方を換えると、理想の親になってくれる誰か、つまり自分を守り導いてくれる、助けてくれる**「ナイト（騎士）のような誰か」を、無意識にずっと探し求めてしまうのです。**

それをパートナーや友人に求めたり、心理カウンセラーに求めたり、時には占いやスピリチュアルの先生に求めてしまったりします。

その結果、パートナーや友人との関係が破綻してしまったり、人間関係や金銭のトラブルに巻き込まれてしまったりして、自己実現がさらに遠のき、ますます人を信じられなくなっていく……。

それでも誰かにどうにかしてほしくて、またジプシーするのを繰り返す……。

このような悲しいループが起こりがちになってしまうのです。

本当の力を取り戻しましょう

この助けてくれそうな他者を求めてしまうのには、もうひとつの理由があります。

「誰かにつけられた傷は、誰かに癒してもらわないと治らない」

と、あなたの無意識が思っているからです。

それは心の仕組みとしては、当たり前の感覚です。

ですが、本来、他者に求めなくてもいいのです。

もしも、**あなたを助けてくれる「ナイト（騎士）」のような心強い存在が、あなたの中にすでに存在していたとしたら？**

あなたが、その存在に気づいていなかっただけだとしたら？

これから、あなたの中にいる、あなたを助け守ってくれている「ナイト」の存在に気づいてもらいます。

あなたの中の大きな力を知ってもらい、本当の問題解決の方法をご紹介します。

この本であなたに知ってほしいこと。それは——。

自分の力に気づき、**自分で自分を助けることができる**ことを知ってほしい。

その**具体的なやり方**を知ってほしい。

そして、**あなたの本当の力を取り戻してほしい。**

この3点に尽きます。

何より私自身が、その3点に気づくことで人生が激変しました。

生きづらさ、悩みを克服できました。

夢をかなえて自己実現し、自分の欲しかった人生を築けるようになりました。

それをあなたにもお伝えしたいのです。

さあ、「あなたが『あなた』を助ける物語」のはじまりです。

もくじ

わたしが「わたし」を助けに行こう

——自分を救う心理学——

プロローグ

あなたが、あなたを助けることができる

1章

その「困った問題」はあなたを守っていた

2章 あなたを守るために生まれたもうひとりの「あなた」

3章

あなたの問題を解決する方法「ナイトくんワーク」

エピローグ
これから、太陽のように輝く あなたの本質が現れる

ブックデザイン　喜來詩織（エントツ）
イラスト　くりたゆき
DTP　アルファヴィル
編集協力　株式会社ぷれす
編集　金子尚美（サンマーク出版）

1章

その「困った問題」はあなたを守っていた

ボクは、君にもう二度と傷ついてほしくないんだ。

君を守りたいんだ。

本当に君を大切に思っているんだ。

でもそのせいで、かえって、君を困らせているのかもしれない……。

それってどういうこと?
わたしを守ろうとしてくれているのに、
それでわたしが困るって、そんなことあるの?

あなたの問題を起こしているものの正体

なんで、私っていっつもダメなんだろう。
なんで、この問題が解決しないいんだろう。
なんで、いつも同じような人間関係のトラブルを繰り返すんだろう。
なんで、パートナーと毎回うまくいかないのだろう。
なんで、仕事もお金もいつも行き詰まるんだろう。
それなりに努力もしてきたのに、どうしてうまくいかないんだろう。

なんで、なんで、どうして……。

その答えが**「あなたを守るためだよ」**といわれたら、どう思いますか?
「はあ? こんなに悩んで苦しんでいるのに、それが私を守るためって、どういうことよ!?」

と、思わず怒りたくなるかもしれません。

しかし、これは間違いなく事実。

あなたの無意識は、あなたを守ろうとするがゆえに問題やうまくいかない出来事を起こしてしまっているのです。

この驚きの真実と秘密を、まずこの章で解き明かしていきます。

私たちの心は、自分を守るために、無意識の領域で驚くほど一生懸命に働いてくれています。

それはまるで外部の異物から身体《からだ》を守る白血球のよう。

あなたの心を防衛しようと、必死で働いてくれています。

この心を守る働きをするメンバーたちは、まるであなたの「心の防衛隊」です。

臨床での心理セッションなどを通して、私はクライエントさんの心の防衛隊を見つけることがあります。

その姿はその方を守ろうとがんばってくれる、不器用だけど〝心優しき騎士〟

のようにいつも感じます。

そこでこの本ではこの心の防衛隊を、**親しみを込めて「ナイト（騎士）くん」と呼ぶことにしましょう。**

誰しももっている無意識の一部「心の防衛隊＝ナイトくん」

ナイトくんの多くは無意識の一部です。

無意識とはつまり、あなたがまだ意識できていない、まだ自覚できていない、という意味だと思ってください。

意識できていてもいなくても、誰にもどんな人にも、**自分自身を守るための心の防衛隊＝ナイトくんがいます。**

あなたの中にも必ずナイトくんがいます。

この心の防衛隊は四六時中、必死にあなたを守ろうとしています。

なりふりかまわず、身を挺《てい》してあなたを守ろうとしています。

その働きは、自覚できない「無意識の領域」で起きているので、それを意識化する練習をしないと気づくことができません（そのやり方は3章で説明します）。

心の防衛隊の目的はたったひとつ。

あなたが「もう、これ以上傷つかないようにする」ことです。

ところがこのナイトくんたちは、とても不器用なので、あなたを守ろうとするあまりに、極端な行動をしてしまいがちです。

それが日々の生活の中で、問題となって現れてくることがあります。

つまりあなたのナイトくんが、よかれと思ってあなたの心を必死で守ろうとするあまり、かえって問題が起きてしまっているのです。

人間関係、性格、仕事、お金、恋愛、家族、パートナーシップでの問題……。

これらの問題は、じつは不器用で一生懸命なナイトくんが原因なのです。

多くの人が抱えている、**さまざまな問題のほとんどが、ナイトくんによる自分自身の心を守る機能である「心の防衛反応」ゆえに起きているのです。**

特に、何度もパターンとして繰り返してしまう問題、ずっと悩んでいる問題の多くが、この心の防衛反応と強く結びついています。

たくさん傷ついてきた人にこそ強く働く

このナイトくんは、どんな人の中にも存在します。

人間である限り、誰の中にも存在します。

どんなに幸せな家庭に育った人でも、いつも笑顔でニコニコしている人の中にも、ナイトくんは存在しています。

あなたが弱いから、あなたに問題があるから、ナイトくんがいるわけではありません。

ただ、**いままで生きてくる中で「傷ついた経験」が多い、また「その傷をひとりでなんとかするしかなかった」人ほど、ナイトくんが強く働く傾向にあります。**

でもそれは、人間の心の機能がきちんと働いている証拠です。

あなたが悪いとか、おかしいとか、そういうことではないので、それを忘れないでくださいね。

これを書いている私の中にも、たくさんのナイトくんが存在してくれています。

あなたを傷つくことから守ろうとしてくれている、一生懸命なナイトくんがあなたの中にいると想像してみてください。

そう思うと、少し親しみが湧きませんか?

ただ、このナイトくんが、あなたを守るためによかれと思ってがんばってくれているからこそ、**その不器用さゆえに問題が起きてしまうのです。**

片付けられない、すぐに散らかってしまう人のナイトくんとは?

ナイトくんが、よかれと思ってがんばるから問題が起きる——。

少し意味がわかりづらいでしょうか。

具体例をあげましょう。

クライエントさんとの心理セッションの中で、よく出てくるお悩み相談のひとつに「片付けられなくて困っている」というものがあります。

部屋を片付けてきれいにしておきたい、片付いた状態をキープしたい。

強く思っているのに、いざやろうとすると、めんどうくさくなる。

すぐ散らかしてしまう。

こまめに片付けられない。

どうして片付けられないのだろう……。

心当たりがある方も多いかもしれません。

じつはこれも、**心の防衛隊であるナイトくんがよかれと思って「あなたが片付けられないように仕向けている」のです。**

つまり、無意識には「片付けない方がいい理由」があり、だからナイトくんが、部屋が散らかるようにあえて仕向けていると言い換えることもできます。

「片付けない方がいい理由!? そんなのあるわけないでしょ!」

「片付いた方が気持ちいいし、こんな汚い部屋はイヤなんです!」

「いったい、どこに片付けない方がいい理由があるんですか?」

そう思う気持ちもすごくわかります。

でもこれは、顕在意識、つまり現時点で自分が自覚できる心の場所で考えると理解できないだけ。

心理セッションを深めて心の深い部分にアクセスすると、**驚くような理由が見**

つかります。

この理由はその人の生育歴、性格、過去の経験によって個人個人で異なるのですが、ここでは代表的なものを2つ紹介します。

「片付けられない」に隠された理由1

思考がクリアになり不安が強くなる

片付けて部屋がスッキリすると、頭の中もスッキリしますよね。どこに何があるのかも把握できて、気持ちもクリアになります。片付けによって思考がスッキリして人生がうまくいく……。

そんな片付け本、皆さんも読んだことあるはずです。

何より、「掃除しなきゃ」「片付けなきゃ」「やらなきゃ」というモヤモヤ思考がなくなります。

ところがこれによって、**普段抑え込んでいた不安や焦燥感などが湧いてきてし**

まう人は少なくありません。

仕事の不安、健康の不安、将来の不安、人間関係の不安……そんな不安が、クリアになった思考によって、より感じられやすくなってしまうのです。

つまり、部屋が片付いていないことで思考も気持ちもモヤモヤしている。

「このモヤモヤのおかげで、不安や焦燥を感じなくてすんだ」

という、メリットがあったのです。

部屋が散らかっている方が落ち着くという人は、その雑然とした環境にいることで、不安といった不快な感情にふたをしている可能性が非常に高いのです。

部屋が片付かないことは不快です。

しかし、不安や焦燥を感じる方がもっと不快なので、部屋が散らかっていることでより不快な感情・感覚を制御していたのです。

賢いナイトくんは、不安に襲われるくらいなら、部屋を片付けないことであえて浅いレベルでモヤモヤさせておいて、あなたを守ろうとしていたわけです。

「片付けられない」に隠された理由2
自由が奪われる感覚がする

まだピンとこないと思うのでもうひとつ例を出します。

片付けができない、したくない人の親子関係の話を聞くと、お母さんやお父さんが片付けにうるさく、**いつも「片付けなさい」と怒られていた背景をもつ人は少なくありません。**

加えて、親へのわだかまりや、がまんしていたことが積み重なっていることが多い傾向があります。

片付ける

←

親の支配下で言うことを聞く

←自分の気持ちを捻《ね》じ曲げられる

←自分の気持ちをわかってもらえない

という、感覚につながっているケースが非常に多いです。

これは、いまは別世帯に住んでいて家に親がいなくても、あるいは親が亡くなっていても、です。

親への強いわだかまりが残っていると、

「片付ける＝親に屈服して自分の人生の自由を奪われる」

という、無意識の感覚に自動的につながってしまうのです。

それは受け入れたくないことなので、その反発として、つまり、親への反抗心、敵愾心《てきがいしん》ゆえに、片付けることを無意識に拒否してしまうのです。

頭では部屋がスッキリした方が気持ちいいとわかっている——。

しかし、片付けてしまうと、親に抑えつけられるような感覚が（はっきり自覚のできない無意識の領域で）湧いてきてしまう。

だから、そんなイヤな気持ちを感じるくらいなら、片付けないようにと、ナイトくんはあなたが片付けるのを止めようとします。

片付いていない方が、まだマシなのです。

ナイトくんは、親子関係の傷を思い出させないようにするため、刺激しないようにするため、親に支配されてきた悲しい気持ちや怒りに触れないようにするために、あえて片付けられないようにあなたを仕向けてくれているのです。

片付けないことが、傷を思い出さない、傷から身を守る手段になっているわけです。

このように、片付けられないというような、どう考えても解決した方がいいに決まっている問題であっても、心の深いところまで踏み込むと、それを解決しない方がいい、という事実に気づきます。

これが、ナイトくんの働きによるものなのです。

あえて問題を解決させないことで、あなたの心を守っているのです。

部屋が散らかることが許せないナイトくんは？

これは逆バージョンもあります。

幼少期に親が家事などあまりできず、部屋がいつも汚くて、かつ親子関係に問題があった場合です。

あるいは、自分が親の代わりに家事や散らかった部屋の掃除をしていた経験がある人は、部屋が汚れたり雑然としたりすることを非常に嫌います。

なぜなら、**散らかった部屋にいると、当時の悲しい気持ち、つらかった経験を思い出すトリガー（きっかけ）になってしまい、苦しくなってしまうためです。**

この思い出したくない感覚につながらないように、なんとしてでも部屋を片付けようとします。

それが行き過ぎると、潔癖過ぎる行動、完璧主義的な行動として生きづらさのひとつとして現れてくるかもしれません。

この問題をもったクライエントさんの中には、仕事でくたくたの日でも、体調を崩している日でも、部屋が散らかるのが許せない方がいます。

身体に鞭《むち》打って掃除をしてしまい、「そうしないと気持ちが休まらない」という問題を抱えています。

また、あるクライエントさんは、子どもが散らかすのが許せなくて、まだ小さな子どもを怒鳴りつづけてしまうことに悩んでいました。

3、4歳の子どもが部屋を散らかすのは当たり前だと頭ではわかっているのに、ものすごい怒りが湧いてきて、このままでは子どもを殴ってしまうと、涙ながらに訴えていらっしゃいました。

この原因が、**散らかった部屋の中、つらい親子関係の中で育ったあのときの悲しみや怒りにつながっている**とは夢にも思わなかったそうです。

この方の中にいた、散らかることが許せないというナイトくんと対話をすることで、部屋が散らかっても落ち着いていられるようになり、お子さんとの関係も劇的に改善されました。

「こんな話はじめて聞いた」という方は、ちょっと混乱してきているかもしれませんね。

まずここまでで知っておいてほしいことは、**「問題だと思っていることが、じつはあなたの心の深いところを守ってくれている」**という心の働きです。

それがわかっているだけで、問題をすぐになんとかしようと焦ったり、イヤになったり、落ち込んだりする頻度がグンと減ります。

問題には、あなたの心を守るという立派な理由と目的があるのです。

それを知ってもらうだけでもいまは十分です。

「問題」の違う側面に気づけるようになるだけで、問題が問題ではなくなってしまうこともあるのです。

あなたの問題には隠された
メリットがある!?

これまで「ナイトくん」としてお話ししてきた心の働きの一部分を、より心理学的に補足説明しましょう。

片付けられないというような、一見問題に見えるようなことの中に、別の目的や側面がある場合があります。

あなたが抱えている問題、解決したいと思っていることには、その問題をもっていることによるメリットが存在します。

その問題をいまだ解決できないことで、あなたにとって何か「いいこと・得をしていること・得ているもの・メリット」があるのです。

これは「二次利得」とも呼ばれることがあります。日本語に訳すと概念がつかみづらくなるので、私はシンプルに〝利得〟あるいは〝問題のメリット〟と表記することが多いです。

これは、1970年代にアメリカで誕生したNLP（Neuro Linguistic Programming：神経言語プログラミング）の用語のひとつ。

Secondary Gain（セカンダリー・ゲイン）という概念にあたります。

それを日本語に訳すと「二次利得」になります。

問題の背景に潜む、二次的に存在しているメリットというイメージです。

NLPは、当時、臨床の現場で結果を出していた心理学者たちなどのテクニックをまとめるところから発展したものです。

この二次利得も、元を辿《たど》ると19世紀のフロイトの頃からある概念になります。

医療の分野などでは一般化されており、医療従事者や心理職の方にとっては一般知識として知られている概念だと思います。

その代表的なものが「疾病利得」です。

病気や問題が無意識に引き起こされてしまうのは、なぜ？

疾病利得とは、病気でいることで（問題を抱えていることで）、本人が得ているメリット（利得）、という意味です。

これは医療の現場で使われることが多い概念。厳密には「一次疾病利得」と「二次疾病利得」がありますが、ここでは割愛します。

病気でいることで何を得ているの？
病気にメリットなんかあるの？
と、思うかもしれませんね。

疾病利得のシンプルなたとえとして、こういう例があります。
病気でいたら、家族がいつもより優しくしてくれる。

学校や会社を堂々と休める。
病院の先生や看護師さんが注目してくれる。
……などです。

病気でいることで、このようないいこと（メリット）があると、なかなかよくならない、本来治ってもいい頃なのになぜか不定愁訴が続く……ということが起こる場合があります。

本人としても治したいのに、疾病という問題を抱えていた方が本人にとっては「何かしらのいいことがある」という状況です。

ただ、本人は無意識、無自覚の場合が多いです。

疾病利得だけでなく、この問題のメリット（二次利得）は、人それぞれであり、さまざまなものがあります。

人間関係、性格、仕事、お金、恋愛、家族、パートナーシップの問題にいたるまで、問題の裏側には、いろいろなメリットが隠されていることが多いです。

ただし疾病利得の疑いがある人を、ただの怠けや、ずるい人と判断しないでください。好きで病気でいたい人は誰もいません。

また、病気でいることと、疾病利得があることは同義ではありませんので十分注意してください。

よくよく話を聞くと、**そこには疾病利得を必要としてしまう悲しいストーリーが背景にあることがほとんどです。**

意識的にわざと病気になっているわけではないのです。

自分では自覚のできない無意識の心の働きによるものなので、本人が意図して病気のメリットを得ようとしているわけではない場合が多いのです。

ここは誤解しないでくださいね。

本人としても早く回復したいのに、なぜか回復ができないという場合に、心の防衛反応としての「疾病利得」を疑う場合があるということです。

心配な場合は自己診断をせず、必ず医師の診断をあおいでください。

またこの二次利得の話を例に出して、

「いつまで問題を盾にして、メリットにしがみついているのだ！」

「あなたの問題が解決できないのは、それをもっていると楽だからだ！」

「早く手放すと決めなさい！」

このように、相手を責めるようなことを言う人もいるようです。

それはまったくのお門違いです。

誰でも問題は早く解決したいし、手放したいからこそ悩み苦しんでいるのです。

それでも、心が無意識の領域で一生懸命バランスをとろうとした結果、いまの問題を抱えてしまっている状況があるのです。

「問題のメリットを手放せないお前が悪い」「あなたが弱いからだ」など、そういう表面的な根性論を持ち出すのは、人間の心の素晴らしい働き、がんばりを無視した非常に短絡的な考え方です。

問題のメリットに気づいても、相手を責めたり、自分を責めたりすることはけっしてしないでください。

あなたの心は、現時点でできるベストを尽くしてくれています。

それを忘れないでくださいね。

人は「得」をするより、「損」をするのを避ける行動をする

意識的にしろ、二次利得のような本人が自覚するのが難しい無意識的なものにしろ、**人間は常に自分のメリットのために行動を選びます。**

たとえ、ボランティアや無償の行為であっても、それを通して社会貢献をしたい、人を助けたいなどの自己実現、自分の生きたい生き方を実行するというメリットがあるわけです。

それはずるいことではありません。

そうやって生き延びてきた祖先たちの生き残りが私たち。

進化の過程でDNAに組み込まれたプログラムのひとつだと思ってください。

そのメリットを得るための行動モチベーションは、大きく2つしかありません。

1　何かを手にする（プラスを得る）

2　損失を回避する（マイナスを避ける）

このどちらかです。

特に**人は、損失を回避しようとする傾向が非常に強い**ことがわかっています。

これは行動経済学のひとつ「プロスペクト理論」の損失回避性と呼ばれるもの。人は何かを「手に入れる・得をする」ことよりも、「損をする・失う」ことを回避しようとする傾向があるというものです。

あなたがいま抱えている問題がなかなか解決できないのは、問題をもっていることで得られる「メリット（損失を回避できる）」があるからこそ。

その問題を解決しない方がうまくいく（損失を回避できる）と、ナイトくんがあなたの自覚できない無意識の領域で判断しているからなのです。

「もう、傷つきたくない」が一番の目的

ナイトくんの目的は、損失を回避することにあります。

それはいったいどんな損失なのでしょうか。

私が臨床での心理療法や栄養療法を通して多くのクライエントさんと接する中で、あらゆる問題の背後に隠されたメリットの共通項目は、たったひとつであることに気づきました。それは、

「もうこれ以上、自分が傷つかないように自分を守ることができる」というメリットです。

つまり「傷つくという損失」を回避することです。

このようにいうと、「心が傷つくことくらい、根性や気合いでどうにでもなる」という人もいるかもしれません。

しかし心が傷ついたとき、つまり精神的な痛みに対して、脳は肉体を殴られたり蹴られたりするのと同じように感じるのだそうです。

メンタル面のストレスと簡単にいいますが、脳にとって精神的な痛みは、肉体の痛みのように、苦痛を伴うものなのです。

その心の傷をかばい、傷を守る無意識の働きが「心の防衛反応」です。

それを行うのが私たちのナイトくんです。

心の傷つきから、あなたを必死で守ろうとしています。

ナイトくんは、あなたが傷を思い出したり、自覚したり、これ以上傷ついたりしないように働いてくれています。

これらは無意識で起きている働きなので、自分ではなかなか自覚できません。

あなたのナイトくんは無意識下で、あなたが傷つかないように、日々の生活の中でこれ以上ストレスにさらされないように、無理がかからないように……と、ものすごく強力に心を守ってくれています。

誰にとっても、「心が傷つく」ことは絶対に避けたいことなのです。

特に過去に心が傷つく経験をしその傷がまだ完全に癒えていない人は、**同じような経験で傷つくことは二度としたくないと無意識で強く、強く思っています。**

肉体の傷を例にとってみるとよくわかるでしょう。

たとえば、あなたの右手に実際に傷があるとします。

その傷がまだ治っていない場合、その上からさらに傷をつけられたら、その痛みは非常に強いものですよね。

普段は右手の傷のことを意識上では忘れていても、傷はずっとそこにあって、意識を向けるとまた痛み出します。

そうであれば、傷に触れることはもちろん、意識を向けることも避けようとするのは当然です。

先ほど、疾病利得により、家族や病院の先生、看護師さんとのつながりをもとうとする話をしました。

この場合、子どもの頃から孤独でとても苦しかった経験をもっていて、昔から孤独になる恐怖が強い人かもしれません。

かつ不器用で、素直に人とつながりたいけれど、そのやり方がわからない人かもしれません。

そうであれば、**病気になってでも、誰かとつながれる方が、健康だけど孤独になるよりもマシだし、心の傷という損失を回避できるわけです。**

特に幼少期から抱えている、まだ癒えていない心の傷は深いものが多いです。

私たちにとって、これ以上似たようなことで心が傷つくことはなんとしてでも避けたい、なんとしてでも繰り返したくない、絶対に回避したいことなのです。

不器用で、極端で、心配性なナイトくん

こうやって、必死であなたが傷つかないようにがんばってくれているナイトくん。

ナイトくんには、大きな特徴が3つあります。

1 不器用である
2 極端である
3 心配性である

1 不器用である

ナイトくんは非常に不器用です。

なぜなら、ナイトくんの多くが、幼い頃にあなたを守るために誕生しており、ナイトくん自身の中身は幼いままだからです。

ナイトくんは人間がもっている素晴らしい心の防衛機能ですが、**必要に迫られて、幼い頃の自分が生み出したもうひとりの「幼い自分自身」でもあるのです。**

つまり、ナイトくんは心も知識も子どものまま。

子どものやり方であなたを守ろうとするので、どうしても心の防衛のやり方が

不器用になってしまうのです。

2 極端である

あなたが幼い頃に誕生しているナイトくんは、大人のように俯瞰《ふかん》して冷静に物事を判断するのが苦手です。

とにかく心の傷を守ろうと必死になってしまうがゆえに、**極端な方法であなたの心を守ろうとします。**

部屋を片付けないように仕向けること。

病気になること。

人間関係にトラブルを起こすこと。

あるいは、経済的に困るように仕向けること。

……これらであなたを守ろうとすることもあります。

そこに悪気はひとつもないのです。

3 心配性である

ナイトくんは、あなたのことが心配で、心配でたまりません。

誰も助けてくれない分、自分がなんとかしてあなたを守らなければというプレッシャーに加えて、あなたをまた傷つけてはいけないといつも心配しています。**もう二度と傷つかないように、最悪の事態を想定してあなたを必死で守ろうとしてくれています。**ナイトくんは心配性なのです。

ここまで、ナイトくんの3つの特徴を見てきました。**そんな、不器用で、極端で、心配性なナイトくんは、あなたの中にたくさんいます。**

人間関係、性格、仕事、お金、恋愛、家族、パートナーシップ、自己実現……それぞれの人生の分野で分担作業をしながら、あなたの心を守ってくれているのです。

どのナイトくんも、あなたの「心を守るというミッション」のもと、がんばってくれています。

そして皮肉にも、あなたが抱えている問題や改善したいあらゆることは、ナイトくんたちが不器用ながらもあなたを必死で守ろうとするがゆえに、起きています。

あなたを傷つくことから守るために、**よかれと思ってがんばっている結果、それがあなたにとっては問題というかたちで現れてしまっているのです。**

より理解が進むように、いままでの心理セッションからわかった、クライエントさんがもっていたナイトくんたちの働きの例の一部を簡単にご紹介します。

「時間がない」に隠された理由1

忙しくない自分には価値がない

心理セッションを通して見えてきた例として、「時間に追われていると余計なことを考えなくてすむ」ということに気づいた方もいます。

「忙しくしていたら、不安や焦燥、ストレスを感じなくてすむ」
「時間ができてしまったら、それら余計なことを考えてしまい落ち込んでしまう」

こういう人は意外といます。

時間に追われるのがイヤだったのに、じつは時間に追われている方が精神的には楽だったのです。

これが行き過ぎるとワーカホリックや、常に交感神経が優位で「休息ができない」「眠れない」といった、自律神経の問題にエスカレートする人もいます。

あるいは、

「忙しくしていないと、自分には価値がない、存在している意味がない」

というような感覚が湧いてしまうことに気づいた人もいます。

特に幼少期から、何かができたとき（テストでいい点をとる、お手伝いをするなど）はほめられるけれど、何もしていない状態（昼寝している、ダラダラしているなど）をいつも責められてきた人の場合。

常に何か有意義なことをしていないと、ここに存在してはいけない、居場所がない、もっというと**「生きていてはいけない。生きている価値がない」**という感覚が湧いてきてしまいがちです。

時間に追われなくなると、「自分には価値がない」「そんな自分に生きている意味はない」という感覚が湧いてきてしまうことをナイトくんが知っているのです。

あえて時間に追われるように、あれもこれも抱えるように仕向けてくれているケースも多いです。

「時間がない」に隠された理由2
結果が出てしまう

さらに他の理由として、こういうのもあります。

「時間ができてしまったら、やりたいことに取り組むことができる」

でも、それが怖い――ということに気づく方も多いです。

あれほど時間ができたら実現したい目標、かなえたい夢があるのに、いざそれに取り組んでしまうと結果が出てしまう。

結果が出て可能性がはっきりして傷ついてしまうくらいなら、忙しいことを理由に取り組めない方がまだマシだ。

可能性のままにしておいて、いつかやればできると思っていた方が、現実を見なくてすむ。傷つかなくてすむ。現実ではっきりと結果が出ないので、傷つかなくてすむ……という理由です。

今日は忙しいけれど「明日から本気出す」と思っているということは、**本気を出せばいつだって結果は出せるという可能性の中で生きられるということです。**

やってみたらダメだった、という傷から心を守ることができるのです。

たとえば、「起業したい」「漫画家になりたい」「海外旅行をしたい」。

でも、いまは忙しくて行動できないという場合。

もしも起業するためや漫画家になるための行動を起こしたら、うまくいくか失敗するかのどちらかの結果が明確に出ます。

その結果を見るのが怖いので、「いつかやればできる」という状態にしておきたいのです。

実際に行動を起こして、その過程でイヤな思いをすることや、結果が出てしまうことよりも、「やればできるはず」という可能性の中で生きていた方が、傷つかなくてすみます。

自分の実力と向き合いたくない、知りたくない状態ともいえます。

忙しくてできないのではなく、あえて忙しくなるように自分を仕向けて、自己実現のための行動をしないようにしているのです。

つまり、忙しくしつづけることで、行動して結果が出てしまうことによる心の傷から自分を守っている状態です。

海外旅行もそうです。

海外旅行を頻繁にしない方にとっては、**日常から離れることはちょっと怖いことです。**

勇気もエネルギーもいるし、実行の過程でトラブルが発生するかもしれません。

そこで傷つくくらいなら、「いつか行こう」くらいに留《とど》めておいた方が、傷つかないし、めんどうくさくないし、ストレスもないのです。

やったことがないけれどやりたいことは、実現の過程で傷つく可能性があるので、誰にとっても本当は怖いことです。

何より、うまくいかなかったら、とても傷つきます。

だからこそ「時間がない、忙しい」という、誰もが納得できる大義名分を使って自分や周囲の人を納得させます。そうして、自分で自分を誤魔化すことで、傷つく可能性から身を守っているのです。

このように時間に追われている方に、よくよく話を聞いてみると、実際はネット上でダラダラと時間を浪費しているといいます。

余計なことや無駄なことに時間を使っているだけで、時間が作れないわけではないことが多いものです。

時間がないという大義名分は、自分で自分を誤魔化しているという恥ずかしさや情けない感じまでも隠してくれます。

これもナイトくんの働きです。

「お金が貯まらない」に隠された理由1

自己実現できない大義名分

じつは、これはお金の問題のひとつにもつながります。

お金が貯《た》まらなくて困っているクライエントさんのお話を聞くと、「ちょうど貯まってきた頃に出費が続いてお金がなくなる」という話をされる方は多いです。

よくよく聞いてみると、なぜか家電が壊れ買いなおさなければいけなくなったり、あるいは無駄遣いしてしまったり……という理由があります。

これもナイトくんが、お金が貯まらないように、よかれと思って仕向けている可能性が高いのです。

心理セッションで無意識の領域にアクセスすると、

「お金が貯まってしまったらやりたかったことが実現できてしまう、それが怖い」

という気持ちに気づく人が多いです。

先ほどの時間がない例と同じです。

夢をかなえて自己実現してしまうのが本当は怖い、傷つくかもしれない、だからこそ可能性のままにしておきたい……というのを「お金がない」という理由で正当化することができるのです。

時間がないと同じで、「お金がない」というのは誰もが納得できる大義名分です。自分自身も納得できます。

お金がなければ、やらないことの最高の理由になります。

ナイトくんはそれをわかっていて、お金が貯まってきた頃にあえて出費するようにあなたを仕向けている可能性があります。

「お金が貯まらない」に隠された理由2

親への罪悪感

「親への罪悪感を意識したくないから、お金が貯まらないようにしている」

というパターンもあります。

お金で苦労した両親を見てきた人は、自分だけお金を使ってやりたいことをするのに申し訳ないような罪悪感を覚えます。

自分の好きなことにお金を使うことを強く禁じられてきた人も、自分の楽しみや自己実現につながるお金の活用にやはり罪悪感を覚えます。

この罪悪感は強力で、親を裏切るような、親の人生を踏みにじるような感覚につながっている場合も多く、大きな傷になっています。

お金が貯まらなければ、罪悪感と自己実現の狭間《はざま》で葛藤する必要がないので、お金が貯まらない方がじつは楽なのです。

お金が貯まったら、友達と高級ホテルを巡って旅行したり、優雅にお茶をしたりしたい、というちょっとした夢がある女性がいました。

この方にとっての自己実現のひとつです。

ですが、なかなかそのお金が貯まらないと相談がありました。

心理セッションを通して見えてきたのは、それを実行してしまったら親から、

「そんな無駄遣いして」

「私はこんなに苦労してお前を育てたのに、高級ホテルでお茶なんてずいぶんいいご身分ね」

と、言われているような感覚に襲われることに気づきました。

親に申し訳ない気持ち、罪悪感が湧いてきたそうです。

また、旅行先で友達とけんかをするかもしれない、病気やけがをするかもしれない、そんなことになったら「自分はなんでいつもうまくいかないのだろう」と自分を責めてしまう。

そんな強い不安があることにも気づきました。

しかし、**直接的な要因である不安や、親への罪悪感を理由に旅行などをやめるのは、悲しくて情けない感じがしたり、癪《しゃく》な感じがしたりします。**

さらに、それらがさまざまな過去の傷を思い出させてしまいます。

そこで、あえて「いまはお金がないから」という、わかりやすい表面的な大義名分を使うことで、行動を止めていたのです。

お金が貯まらないのは困った悩みですが、この問題のおかげで、より深く傷つくことから心を守ることができていたのです。

ナイトくんはそれらをすべてわかった上で、お金が貯まらないようにと、その方を仕向けていたのです。

お金に関するテーマは個人個人の背景によって異なり、本当に多くの種類のナイトくんが関係しています。

共通しているのは、ナイトくんには悪気は一切なく、お金が貯まらないようにしてあげることで、心を守ろうとしてきたという目的です。

歪んだ受け取り方で身を守っている私たち

ここまで、さまざまなナイトくんの働きについてお話ししてきました。

それでも、まだ唐突に感じてしまう人もいらっしゃるかもしれませんので、視点を少し変えてもう少し心理学的に説明しましょう。

ナイトくんの働きの一部をシンプルに表現すると、「認知の歪《ゆが》み」のひとつと言い換えることもできます。

認知とは、現実の捉え方、受け取り方、判断や解釈のことです。

「コップに水が半分入っている」ということの解釈パターンを、あなたも聞いたことがあるかもしれません。

1　半分しか入っていないと思う
2　半分も入っていると思う

これは認知の違いです。

つまり、現実の受け取り方の違いです。

認知に個人差があるのは当たり前です。

しかし、ここに強い歪みが入ってしまうと、コップに入った半分の水を見て、「この水を飲み干したらもう水は二度と手に入らない」「脱水で死んでしまうかもしれない」といった、極端な解釈や強い不安感に行き着いてしまうことがあります。

これは認知が歪んでいる状態です。


認知の歪みとは、色眼鏡・サングラスをつけている状態です。

世界がフラットにそのまま見えるのではなく、暗く、黒っぽく見えるようなイメージです。

たとえば、ニコニコした人とすれ違いざまに目が合ったときなども、

「いま、あの人私を見て嘲笑《あざわら》っていた。私が何をしたって言うの？　髪型が変だったのかな？　すごく感じ悪い」

というように、自分がばかにされた気持ちになってしまう人もいます。

現実は、ニコニコしている人とすれ違っただけ。

思い出し笑いをしていたのかもしれないし、何かいいことがあったのかもしれないし、理由はさまざまあるはずです。

あるいは「あいさつをして返事がなかった」という場合も、相手がたまたま他のことに忙しくて、聞こえていなかっただけかもしれません。

しかし認知が歪んでいると（色眼鏡をつけて現実を見ると）、相手があいさつをわざと無視したように捉えてしまいます。

「私が悪いことをしたのかな？　嫌われているのかな？」

といった、極端な受け取り方をしてしまいます。

なぜ、認知が歪んでしまっているのかというと、その理由のひとつが心を守るためなのです。

必要以上に自分を不安にさせる解釈をすることで、**未来に起きてしまうかもしれない悪いことに備え、傷つくことから身を守ることができる**ともいえるわけです。

たとえば「人に嫌われているかもしれない」と身構えて警戒していた方が、相手に心を開いた状態で嫌われたと思うよりも、心を閉じている分ダメージが少なく、まだマシなのです。

なお、認知の歪みは、心の防衛反応のような心理面の問題だけではなく、うつや認知症といった、脳機能のエラーでも起こります。

脳梗塞のような肉体的な原因や、血糖値の乱高下や、脳の栄養欠損、神経伝達物質の乱れなどでも起こります。

すべてが心理的・精神的な原因に帰結するわけではありませんので、注意してくださいね。症状と原因に合わせて、対処法を変えていく必要があります。そのときは必要に応じてドクターの指示に従ってください。

認知の歪みは、認知行動療法などによって修正できる場合もありますが、ナイトくんには小手先の「技術・テクニック」は効きません。

むしろ、小手先のテクニックでなんとか対処しようとすればするほど、ナイトくんは頑《かたく》なになっていきます。

心理学や自己啓発などを一生懸命勉強してきた人ほど、テクニックでなんとかしようとする傾向があるため、かえって問題が解決できなくなるという矛盾に陥ってしまいがちです。

特に私たちは、「問題を早く解決したい！」「早く問題のない素晴らしい自分になりたい！」と焦りがちです。

でもそれは、これまで一生懸命生きてきた自分のやり方、生き方の否定になります。がんばってくれたナイトくんを拒絶することです。

ここまで生きてきた自分に失礼な話なのです。

大切なのは、ナイトくんを理解し、ナイトくんと対話をすること。

そして、自分自身の謎を理解することです。

そのために、次の章ではナイトくんをもっと知ることから始めていきましょう。

2章

あなたを守るために生まれた もうひとりの「あなた」

君を傷つくことから守るのがボクの使命なんだ。
でも、がんばっても最近、うまくいかなくて……。

――よく見ると、ナイトくんは幼いわたし自身に見えた。

ナイトくん、あなたは誰なの？
ナイトくん、あなたはどこからやってきたの？

ナイトくんを知ることははじめの一歩

あなたを守ってくれている「ナイトくん」がいる――。

そういわれても、まだいまいちピンとこないかもしれません。

何より、不器用に守ろうとしてくれるがゆえに、現在の問題が起きているなんて、そんなの迷惑。

そう感じた方もいるかもしれませんね。

実際、このナイトくんの存在を知った私のクライエントさんや受講生の中には、

「ナイトくんに対してイライラする」

「あんたさえいなければうまくいったのに、余計なことをしないでほしい」

「ナイトくんって結局、弱い自分って感じでイヤ」

と、強い嫌悪感を示す人は少なくありません。

しかし、ナイトくんはあなたを必死で守ろうとして生まれたあなたの一部です。**ナイトくんが生まれた目的や、ナイトくんの本当の気持ちを深く理解できたときに、その嫌悪感や誤解、すれ違いが解消していき、ナイトくんに守られていたことを心の底から実感できるようになります。**

そのために、この章では「ナイトくんの本当の姿」についてお話しします。

ナイトくんはいつ誕生したのか？
どうして生まれたのか？
正体は何か？
ナイトくん自身はどういう気持ちなのか？
ナイトくんの本音は？
……などをひとつずつ見ていきましょう。

幼いながら自分でなんとかするしかなかった経験から生まれる

ナイトくんが誕生するのは多くが幼少期。

子どもの頃です。

大人になってから誕生するナイトくんもいますが、その多くが幼少期に誕生したナイトくんと関連している場合がほとんどです。

多くのナイトくんは、幼少期からあなたの心を守るために誕生しています。

ナイトくんの誕生のきっかけになる出来事は、「幼いながらも、自分でなんとかするしかなかった」経験をしたときです。

特に、子どもの頃から次のような状況ではナイトくんたちがたくさん誕生しています。

・家庭の問題や養育者（主に親）との関係で苦しんできた人
・親の心身の問題から、親の感情面のお世話をしなければいけなかった人
・養育者（主に親）や周囲の大人に頼れる環境になく、悲しみや苦しみ、孤独感をひとりで抱え込み、つらく寂しい思いをしながらもがまんしてきた人

これは毒親、ネグレクト、機能不全家庭といった極端な状況の家庭や両親の元で育った人だけの話ではありません。

ちゃんと身の回りの世話をしてもらった人でも、普通に育ててもらった人でも、次のような、**ともすればよくあるストーリーの中でもナイトくんは誕生します。**

・家族の悪口を他の家族からいつも聞かされていた（例：母から父や祖父母の愚痴をいつも聞いていていたなど）
・家族の仲が悪かった
・家庭の雰囲気が暗かったり、ギスギスしたりしていた

親が不安定なので親の機嫌をいつも気にしては顔色をうかがっていた
過干渉だった
完全に放任だった
自分の進路を厳しく決められた
いつも親の期待に応えようと必死だった
きょうだいとうまくいかなかった
きょうだい間で親の態度に差があった
お金の問題で家族がいつももめていた
親の離婚や死別の経験がある
親が病気や、ひとり親などで家庭の状況から親や養育者を支えてきた

それぞれの家庭の事情がありますし、完璧な家庭は存在しません。親は親なりによくやってくれた、とわかっている方もいらっしゃると思います。

ただ一方で、**その渦中で、あなたのつらい気持ち、苦しい気持ちに寄り添ってくれる、あなたをわかってくれる大人が周囲にいなかったのも事実だと思います。**

あなたは家族を気遣い、家族の期待に応え、小さな頃から家族を支えてきたかもしれませんが、あなたの気持ちに寄り添ってくれた大人は誰かいましたか。

そんな余裕のある大人がいなかったし、家庭の状況的にそれどころではなかった、仕方なかった。それは理解している。

そんな方もいらっしゃると思います。

周囲の大人はなんらかの理由で、日々に追われて余裕がなく、あなたの「本当は苦しい、つらい、悲しい」という気持ちに寄り添ってもらえなかった。

だから、あなたもがまんするのが当たり前になっていたのではないでしょうか。

そんな環境下にいた場合も、あなたを支えるために、ナイトくんが誕生します。

また家庭内だけではなく、学校でのいじめや、友人関係の悩み、自身の闘病の経験などからもナイトくんは誕生します。

特にそのつらい状況に寄り添ってくれる大人、わかってくれる大人がいなかった場合に、あなたが傷つかないように、ナイトくんが誕生します。

世代間の傷つきの連鎖……でもあなた自身の手で解決できる！

完璧な親、完璧な家庭は存在しません。

成長過程で、大なり小なり、さまざまな傷を抱えてしまうのは当たり前のこと。程度の差こそあれ、誰もが幼少期に誕生したナイトくんたちと一緒に生きています。

心の防衛隊であるナイトくんがあなたの中にいることは、当たり前のことなのです。

ただ、その働きが強過ぎてしまうと、なかなか解決できない問題となって表層に現れてしまうだけ。

ナイトくんが存在すること自体はおかしいことでも、変なことでもありません。

ナイトくんが生まれるきっかけがあったにせよ、ここから自分の手で、ナイトくんたちとの関係性を改善できるので安心してください。

親や育った家庭を恨んだり、責めつづけたりしても問題は解決しません。

生育歴の中でナイトくんが誕生している場合、そのきっかけになる親の中にも心の防衛隊であるナイトくんが存在します。

その親の中のナイトくんの極端な行動によって、皮肉にも子どもであった私たちが傷つけられてしまうということが起こります。

そしてこれは世代間で連鎖しているので、私たちの親もその親（祖父母）から傷つけられ、その親（祖父母）も自分の親（曾祖父母）から傷つけられ……と**傷が連鎖していることが非常に多いのです。**

これは私たちにはどうにもできなかった、家系の問題でもあります。

そうであっても、親を含め他者への恨みや怒りにまみれたままでは、あなたの人生をよくすることはできません。

怒りや恨みが湧いてしまう気持ちもよくわかります。

それも、あなたの中のナイトくんが反応しているだけ。

ナイトくんを理解することでやがて解決します。

あなたが、あなた自身の手で、解決していけるのです。

深呼吸して、この先を読み進めてください。

誰かに寄り添ってもらい回復する「協働調整」の必要性

社会的動物である人間は、幼い頃から人とのつながりが欠かせません。

周囲にいる大人やきょうだいたちとの関係の中で、心を育てていきます。

生まれて現実世界で生きているとその過程で、怖い、苦しい、イヤだ、悲しい、恥ずかしいといった感情・感覚を覚える出来事が起こります。

そのときに、**他者に寄り添ってもらい、心を穏やかな状態に戻すという経験が、心の生育過程には非常に重要です。**

これは「協働調整」のひとつです。

協働調整は、心理学や保育の分野で使われる専門用語です。

特に子どもは自分の中に生まれた怖い、苦しい、イヤだ、悲しい、恥ずかしいといった、不快な感情・感覚の扱い方がわかりません。

だから大人に、これらの感情・感覚に寄り添って、一緒に対処してもらう経験が必要です。たとえば、怖い思いをしたとき、「怖かったね、もう大丈夫だからね」と寄り添い、慰め、励ましてもらう、といったようにです。

主に親をはじめとした養育者から、不快な経験や感情・感覚に十分に寄り添ってもらうことで、心が自立へと向かい、やがてひとりでも、恐怖や悲しみといった感覚に適切に対処ができるようになります。

また協働調整によって、怖さやつらさがその場で静められるため、深い傷にならずにすみます。

この協働調整を十分にやってもらえないと、幼くて無力で弱い自分自身で、なんとかして、怖い、苦しい、悲しいなどの感情や経験に対処しなければいけなくなります。

たったひとりで不快な感情・感覚に対処するのは、脳が発達していない幼い頃には、ほぼ不可能です。

結果、幼い自分ひとりでどんなにがんばっても、そのときの経験が傷になって残ってしまいます。

そして、それは次のような二重の傷になってしまうのです。

傷1　つらい経験自体の傷

傷2　「誰も助けてくれなかった」「わかってくれなかった」という無念さ、みじめさの傷

この二重の傷を、二度と感じたくない。

そしてこれからも、怖い、苦しい、イヤだ、悲しい、恥ずかしいといったつらい感情・感覚に自分で対処していかなければならない。

そのときに誕生するのが、心の防衛隊であるナイトくんなのです。

ナイトくんの正体は、もうひとりのあなた

人間の心は本当によくできていて、誰も助けてくれない、わかってくれないと理解したときから、自分の中にもうひとりの自分を生み出します。

誰も助けてくれないのであれば、自分の中にもうひとりの誰かを生み出して、そのもうひとりの自分に守ってもらおうとするのです。

自分を守ってくれる「親代わりの存在」を自ら心の中に作り出すのです。

つまり、必死で生き延びるために、幼いながらもなんとかしようと、自分の中に自分を守ってくれる存在を作り出します。

これが、ナイトくんの正体です。

これは人間誰もがもっている力。

異常なことや、おかしいことではありません。正常な心の働きです。第1章でも説明しましたが、程度の差はあれ、自分を守るために生まれた自分自身が、誰でも心の中に存在しています。

心理セッションを通して、クライエントさんのナイトくんたちと出会うときに、私はいつも感動します。

人の心の力強さ、**誰に教えてもらわなくても自分で自分を守るその機能に感動し、涙が出てくるときがあります。**

ただ、ご本人は自分の中にもうひとりの自分（ナイトくん）を作り出して心を守っている、なんてことに最初は気づけません。

練習を何度も重ねないと、このナイトくんには気づくことができません。**あなた自身も、ナイトくんと自分の区別が最初はつかないのです。**

そのくらいあなたと一体化して、あなたの側《そば》にずっといてくれている存在なのです。

ちなみに、このナイトくんは複数存在しています。

問題の各分野に、担当のナイトくんが存在しているイメージです。

複数のナイトくんが、あなたの「心を守るというミッション」のもと、がんばってくれていると考えてみてください。

大人になるとあなたをうまく守れなくなってくる

ナイトくんの目的はあなたを守ること。

ナイトくんが誕生した幼い頃にはその働きがうまく機能して、たしかにあなたを守ってくれていました。

たとえば、人に傷つけられたその傷が大きくて、でもその傷に寄り添ってくれる大人が誰もいなかった場合。

あなたが、もう二度と傷つかないように、人と関わるのをやめさせたり、他者を警戒したりするナイトくんが誕生します。その結果……。

人見知り気味になる。

人の顔色をうかがうようになる。

といったように、ナイトくんなりにあなたを守ろうとしてくれます。

幼いその当時は、そのやり方で自分を守ることがたしかにできました。そのやり方で成功したのです。


しかし、大人になってからは、生きていく上で他人との交流を避けては通れません。

それでもナイトくんは、当時のやり方しかわかりません。

いまもよかれと思って、人との交流を避けるようにと、あなたを仕向けて助けてくれているのです。

その結果、人間関係がうまく築けなくて困っている、気疲れしてしまって苦しい、ということが起こります。

大人になったあなたは、それに困っているわけです。

あなたの心を守る当時の心の防衛機能、つまりナイトくんのやり方が、いまはうまくマッチしなくなっているのです。
それにもかかわらず、当時の古いやり方のままになっているのです。

子どものような過剰な反応をしてしまう理由

1章でご紹介したとおり、ナイトくんには大きな特徴が3つあります。

1 不器用である
2 極端である
3 心配性である

なぜなら、ナイトくんたちが生まれるのは、主にあなたが幼少期の頃だから。
あなたが幼い頃に誕生しているので、ナイトくんたちもじつは幼いのです。

心の防衛という役割を立派にこなしていますが、中身はとても幼い上に、あなたを守るそのやり方が、当時はうまくいったものでも、いまはうまくいかないやり方になっていることがほとんど。

だからこそ、傷つくことから心を守るための方法が、不器用で極端なやり方になってしまいます。

そして、いつもあなたを心配しているので、出来事に過剰に反応してしまい、それらが問題となって現れてしまいます。

たとえば、飲食店などで店員さんに大声で怒鳴っている人を見たことはありませんか。

それを側《はた》から見て、**まるで子どもに戻ってしまったような振る舞いだな、何もそこまで言わなくても……**と感じたことはありませんか？

もしかしたら、あなた自身もカーッとなって我を忘れて家族を怒鳴ったり、感情的になって人を責めたりしたことがあるかもしれません。

あとから冷静に振り返って、なんであんなことしてしまったんだろう……と反省したことがあるかもしれませんね。

怒らせた相手が悪いかどうかという話は抜きにして、これもナイトくんの働きです。

怒りは自分を守る感情でもあり必要なものです。

しかし、**過剰に反応してしまい、あとから冷静になって反省してしまうなどは、ナイトくんがあなたを守るために起こした行動です。**

「傷つけられる！」と思った瞬間に、心配性なナイトくんは全力であなたを守ろうとして、「怒り・怒鳴る」といった極端な行動をあなたにとらせます。

相手に必要以上の怒りをぶつけて要求を通そうとしてしまう人の心理的背景には、さまざまな原因があります。

その中には、**相手に受け入れてもらえないことによる悲しみや、自分に価値がないような感覚を強く再認識してしまう恐怖**などが考えられます。

それを怒りに転換して、その状況を避けようとするわけです。

実際には、お店のルールや悪気のないアクシデントなどが原因であっても、自分を攻撃されたような感覚、自分を無視されて、ないがしろにされたような感覚が湧いてきてしまうのです。

実際、自分を大切にしてもらえなかった経験が幼い頃に続いた人は、このような認知の歪《ゆが》みをもっていることが多くあります。

その結果、ナイトくんもその当時の傷からあなたを守るために強く働きます。

なおかつ、**ナイトくんは幼いので、大人として社会人として冷静に要望を伝える、冷静に相手とコミュニケーションをとる、ということがうまくできません。**

そんなことよりも、あなたを守るために必死。

だから、不器用に怒りをぶつけるという行動しかとれません。

その瞬間、何が起きているのかというと、あなた自身がナイトくんとスイッチしているのです。

「急にキレて怒る」に隠されたナイトくんの活躍

ナイトくんがあなたを傷つくことから守ろうとした瞬間、あなたの中で人格のスイッチが起こるような感じです。

あなたを守るために、ナイトくんがあなたとバトンタッチして入れ替わってくれるようなイメージともいえます。

このバトンタッチは、自分でコントロールできるものではありません。

外界からの刺激をキャッチして、「あなたが傷つけられてしまう！」とナイトくんが判断した瞬間に、自動的にスイッチが起こります。

あなたを守るためにナイトくんが前面に出てきてくれるのです。

まるで、あなたをかばうために、バッと身を挺《てい》してあなたの前に現れてくれるようなイメージです。

カーッと怒りが湧いてきて怒鳴るのも、
予定をドタキャンしてしまうのも、
不安で何もできなくなってしまうのも、
お酒が止まらないのも、
過食してしまうのも、
部屋が片付けられなくなるのも、
何もかもイヤになってしまうのも、
やる気が出ないのも、
不安で仕方なくなるのも……
ナイトくんとあなたがスイッチして、入れ替わっているからこそ起こります。
そしていつだって、ナイトくんの目的はあなたを守ることなのです。

「なんであんなこと言っちゃったんだろう」
「なんでキャンセルしちゃったんだろう」

「なんでやらなかったんだろう」

このように、あとから冷静に振り返って「なんで？」と思ってしまったことはありませんか。

それはあのとき、あなたの心を守るために、ナイトくんがスイッチしてくれていたからなのです。

あるいは、頭ではもうやめたい、と思っているのに繰り返している問題パターンはありませんか？

仕事を辞めるときの問題がいつも似ている。

恋愛はいつもこのパターンでダメになる。

友人関係をいつも自分からリセットしてしまう。

……などのように、頭ではわかっているけれど解決できない、繰り返してしまう、という問題はありませんか？

これらもナイトくんがあなたと入れ替わってくれて、あなたの心を守ろうとするがゆえに起きています。

「やる気が出ない」に隠されたナイトくんの活躍

ナイトくんと入れ替わっているときに、いつも感情的になるわけではありません。

やる気がなくなったり、すべてがめんどうに感じてしまったり、ということもあります。

たとえば、友達との約束をしていたのに、前日から「行きたくない、めんどうくさい」と思ったことはありませんか。

過去に人間関係に傷がある場合。

あるいは、その友達と会うことで嫌われてしまうかもしれない心配がある場合。

嫌われないように、気を遣い過ぎて疲れてしまう心配がある場合。

ナイトくんはあなたを守るために、あなたとスイッチして、**約束の場所に行き**

たくならないように、めんどうくさくなるようにしてくれているのです。

試験勉強や、仕事のプロジェクトのやる気が湧かないのもそうです。

それに取り組んで失敗したときに傷つくことがしんどいので、ナイトくんがスイッチします。そして、やる気を失わせて、失敗に傷つくことを避けようとしてくれる場合があります。

もしくは、勉強や仕事の過程で、うまくできない自分を感じるのがつらいので、最初から取り組まないように、あなたのやる気を失わせてくれているのです。

「やる気を失わせてくれる」なんて、変な日本語ですが、ナイトくんは必死でこれをしています。

ナイトくんとスイッチすると、頭ではわかっていても、うまく自分を制御できなくなることが多いのです。

ナイトくんは、あなたとスイッチして現実の矢面に立つことで、必死であなたを傷つくことから守ってくれているのです。

「不安でザワザワしてしまう」に隠されたナイトくんの活躍

もしもあなたが、「いつも気分が沈んでいて、不安でザワザワしている」と感じている場合。

あなたのナイトくんがよかれと思って、あなたと入れ替わってあなたを過剰に不安な状態にしてくれている可能性があります。

不安は心の防衛反応そのものです。

不安でいることで常に周囲を警戒して、傷つかないように自分をあらかじめ守る準備ができます。

このように、**常に不安が強い人は、「心が傷つかないこと」が人生の第一目標になっている可能性が非常に高い傾向にあります。**

欲しいものを手にするために何かをする人生、自分の生きたい人生を生きる人生ではなく、**傷つかないことを第一にする人生になっているのです。**

そのくらい、たくさん傷ついてきた人でもあるのです。


不安でいることを自分から望む人はいません。

ただ、たくさん傷ついた過去の経験から、もう二度と傷つかないことを無意識に一番の目標に設定するしかすべがなかったのです。

そうやって生き延びるしかすべがなかったのです。

そんな悲しいストーリーが背景にあることが多いです。

あなたのナイトくんは、それを誰よりも知っています。

だからこそ、ナイトくんがスイッチしてくれて、**いつもあなたの前に立ちはだかって、あなたを守ろうとしてくれていたのです。**

そんなあなたも大丈夫です。

第3章でナイトくんと対話をしていくと、傷つくことを避けるだけの人生を変えていくことができます。

あなたの一番の理解者であり、苦しんでいる

幼いあなたを守るために誕生し、今日まであなたを守ってきたナイトくん。

あなたの人生を隣で一緒に見てきた存在です。

どんな大変な思いでここまで生きてきたのかを一番理解しています。

じつはあなたの一番の理解者であり、あなたのことを誰よりもわかっています。

だからこそ、あなたの傷つくことを誰よりも理解していて、あなたを真剣に守ろうとしてくれています。

ただ、あなたとしては、それがいまは迷惑になってしまっているのです。

お話ししてきたように、ナイトくんがあなたを傷つくことから守ろうとするやり方は、いつだって不器用で極端。

あなたがナイトくんの働きによる問題で苦しんでいるのも知っています。

それでも他の守り方がわからないのです。

じつはナイトくんもそこに苦しんでいます。

そして、あなたに疎まれ、恨まれていることを知っています。

あなたを守ろうとするほど、あなたが人間関係、性格、仕事、家族、経済面といったあらゆる分野で悩んでしまうことになることを知っています。

さらに、あなたがナイトくんを排除しようとしてきたことも知っています。

それでも、あなたが深い場所で傷つかないように、がんばりつづけています。

あなたはこのナイトくんに向かって、

「あんたさえいなければ（この問題がなければ）！　すべてうまくいくのに！」

と怒り、悩んできました。

しかしどんなになじられても、寡黙にあなたを守りつづけています。

ただ、**あなたのためにがんばるほど、あなたから恨まれるので、じつはナイトくんたちも傷ついています。**

さらに、幼く不器用なナイトくんたちにとって、もっともしんどいことがあります。

それは、あなたを守るために「孤独に」がんばりつづけなければいけないという状況です（ナイトくんは複数存在しますが、それぞれが各問題に対してひとりで担当してくれています）。

ナイトくんは、ずっとひとりであなたを守ってきました。

他に頼れる人（大人）が子どもの頃から周囲にいないため、あなたの分身でもあるナイトくん自身が、心の内側でたったひとりがんばるしかなかったのです。

守り方が正しいかどうかにかまっている余裕などありませんでした。とにかくあなたが傷つかないように、ひとりで必死にがんばってくれていたのです。

でも、ひとりでがんばるほど、あなたに疎まれてしまうので、ナイトくんも孤独で寂しいのです。そして本当は疲れています。

「食べ過ぎてしまう」「飲み過ぎてしまう」に隠されたナイトくんの活躍

ナイトくんがあなたを守ろうとしてがんばっているのだけれど、あなたはそれをやめてほしくて、そのナイトくんの働きを恨んでしまう——。

そのわかりやすい代表例は、「食べ過ぎてしまう」「飲み過ぎてしまう」などの食を通した問題だと思います。

ついつい食べ過ぎてしまう、飲み過ぎてしまう、深夜なのにカップラーメンやアイスがどうしても食べたい、口寂しい……。

そんな経験をした方は少なくないはずです。

これもあなたのナイトくんが、よかれと思ってあなたに「食べ過ぎるように仕向けてくれている」のです。

強いストレスや不安を感じているときほど、食べ過ぎてしまう自覚がある人も多いでしょう。

イヤなことや強い不安を感じた日は、それを感じつづけるのはしんどいものです。

そこで、そこから意識を他のものに向けようと、ナイトくんが働きます。

そのためには、**自分に何か別の刺激を与えることで、不安、イヤな感覚、ストレスを誤魔化すのが、一番即効性があって楽なので「食べ物」を使います。**

食べるという行為は、味覚・嗅覚を刺激します。

特に味の濃いもの、甘いものやスナック菓子などは、刺激が強いので、より強く、不安やストレスから意識を逸《そ》らすことができます。

また、それらによって**血糖値が急激に上がるので、一時的に気持ちが高まったり、充足感が得られたりします。**

三大欲求のひとつが埋まるので、さまざまな神経伝達物質が脳内に放出されて満たされた感じがしますし、それによってイヤな感情や感覚を忘れることができます。一時的に気持ちが落ち着き、ほっとします。

食べることでストレス解消は要注意！

「食べることでストレス解消」という人がいます。

それはある意味一定の効果はあるのですが、**ストレスや不安のコントロールを「食べること」だけに依存している場合は注意が必要です。**

食べることで、ストレスや不安を誤魔化している（心理的に抑圧している）という状態です。

本当の意味で、ストレスや不安を解消できていません。

その結果、やがてまた不安やストレスが溜《た》まり、もっと食べたくなります。

そこに、食べてしまう自分への嫌悪感や、自分を責める気持ちが加わると、それもストレスになります。

そして、さらに食べることで気持ちを落ち着けようとするループにハマってしまう場合もあります。

それがエスカレートしてしまうと、過食の問題につながることもあります。

この話をすると、このナイトくんへの怒りや恨み、「そんなの頼んでないよ」「やめてくれよ」という気持ちが湧いてくるかもしれません。

何より、食べ過ぎをやめたくていままでも努力してきたのに、それがうまくいかないのは、自分の心を守るためといわれても納得ができないかもしれません。

それでもナイトくんは、あなたのストレスや不安を緩和するには、食べることがよい、と信じてがんばっています。

それで、子どもの頃から成功体験を積んでいるからです。

実際、食べ過ぎや飲み過ぎで悩んでいる人は、**心がモヤモヤしたり、ストレスを感じたりしているときに食べてしまうこと、その最中は、イヤな感じから意識を逸らすことができることに気づいているでしょう。**

繰り返しになりますが、それがあなたの心を守る行為になっているのです。

しかし、そういわれても納得できないかもしれません。

ナイトくんはそのあなたの複雑な気持ちを知っています。

そしてあなたに恨まれていることに寂しさを感じていますし、何よりこの、あなたの心の防衛を自分ひとりで行っていることにしんどさを感じています。

ナイトくんもとても疲れているのです。

まずは、この事実を知ることが、あなたが自分自身を救うためにも、大事なことです。

「SNSがやめられない」に隠されたナイトくんの活躍

人によっては、不安やストレスを誤魔化すための刺激物が、食べ物ではなく、アルコールの場合もあります。

また、人間関係（恋愛やセックス）や、テレビやゲームのケースもあります。

中には、これらが依存の問題につながっていく場合もあります。

これと同じケースで現代人の多くに当てはまるのが、**SNSなどのインターネットをついダラダラと見てしまうという問題です。**


もっと有意義に時間を使いたいのに、あまり興味のない動画配信をダラダラと見てしまう、SNSやインターネットサーフィンを延々と続けてしまう。

何も得られないどころか、不快な気持ちになることも多いのに、見るのをやめられない。結果、貴重な時間を無駄にしてしまう……。

能動的に、意識的に情報を得ているのではなく、受身的に、ただただネットを見ている状態です。


食べ過ぎてしまうのと違って、**その問題を認識しづらいものの、大切な時間という資源を無駄にしてしまっているのに、それをやめられない人が増えています。**

じつはこれも、不安、ストレス、感じたくない、考えたくない心配事などがあるときに、それを誤魔化しあなたを守るためのナイトくんの働きなのです。

ぼーっとスマホを触っているときは、**次から次へとさまざまな情報が飛び込んでくるため、不安やストレスから強力に意識を逸らすことができます。**

一時的に現実から離れられるので、気持ちが楽になりますよね。

時には、心配やストレスから意識を逸らすことも大切ですが、それが行き過ぎると、ただただ無意味な時間を過ごしてしまうことになります。

その結果、具体的な解決策や対処が先延ばしになり、さらにストレスや不安を長引かせることにもなりかねません。

けれどもナイトくんにとっては、あなたの心を守るという純粋な目的を達成しようとしているだけです。

自分を助けることでしか「生きづらさの解消」「本当の自己肯定感」はない

ナイトくんのことや、その働き、その結果起きていることはなんとなくご理解いただけましたか？

「でも、結局のところどうやって問題を解決すればいいの？」

それにお答えするために、次の章では解決のための具体的な方法をご紹介していきます。

その前にお伝えしたい大切なことは、**あなたが、「あなた自身を助けることができる」「あなたの問題を解決できる」ということです。**

ただ、あまりにも問題が長く続いていたり、解決を試みても問題のパターンを繰り返してきたりした場合、すっかり自信をなくしていることも多いでしょう。

そして、誰かになんとかしてほしいという気持ち、他者にすがりたくなる気持ちが強くなりがち。

ですが、あなたが「あなた」を助けることができることを忘れないでください。

ナイトくんが誕生したきっかけは、あなたが傷ついたときに、頼れる大人に助けてもらえなかった、ひとりでなんとかしなければいけなかった、というストーリーが背景にあるのはお話ししたとおりです。

皆さんそれぞれ、自覚できるなんらかの悲しい、切ないストーリーを抱えているかもしれませんし、あるいは無自覚でよくわからない人もいるかもしれません。

いずれにしろ、いま問題や生きづらさを抱えているのは事実ですよね。

傷ついた過去は変えられませんが、いまから、その傷に自分が自分でお薬を塗ってあげることはできるのです。

それが、いまの生きづらさや問題の解決につながります。

一方で、誰かにつけられた傷は誰かに治してほしい、という気持ちがじつは誰にでもあります。

そしてできれば、傷つけた本人に治してほしいというのが本音です。

そのため、**大人になってから当時の恨みや怒りを親にぶつけるなどの親子対決をしてしまったり、あるいは、自分のパートナーに親を重ねてしまいキツく当たってしまったり、親から得られなかった愛情を別の相手に求めて過剰に依存してしまったりしがちです。**

その矛先が、自分の子どもに向いてしまう場合もあります。

誰か（他者）につけられた傷は、同じく誰か（他者）になんとかしてもらわないと治らない、と思っているからこそ起きてしまう問題なのです。

しかし、誰かにつけられた傷であっても、あなた自身が自分で治してあげることができます。

何より、**自分で自分を助けることができる、助けることができたという経験こそが、本当の自信、自己肯定感、自分への信頼を育ててくれます。**

それをどうか心に留《とど》めておいてください。

次の章でご紹介するやり方は、自分の傷に自分でお薬を塗ってあげる方法のひとつでもあります。

自分の傷は、自分で癒すことができる。

つまり、あなたの中にその力があることを、どうか忘れないでくださいね。

あなたの中にいるナイトくん・まとめ

一度ここまでのお話を簡単に整理してみましょう。

あなたが抱えているあらゆる問題は「心の防衛反応」によって起きている
心の防衛反応を「ナイトくん」と（この本では）呼ぶ
人間にとって、心が傷つくこと、特に昔から抱えている無意識レベルの心の

傷を刺激されること、似たような傷をまた作ってしまうことはなんとしても避けたいことである

- ナイトくんは、あなたが傷つかないように必死であなたを守っている
- ナイトくんは、あなたが傷つきそうな場面であなたと入れ替わり、あなたの前面に立って心を守ってくれている
- ナイトくんは、あなたが幼い頃に誕生していることが多い
- ナイトくんは、当時のあなたを守ろうとして誕生した、あなたの一部である
- ナイトくんは、いまも幼いままで、あなたを守ろうとしてくれている
- ナイトくんは、幼いゆえ、守り方が不器用で、極端な方法を使いがちである
- あなたが大人になったいま、その守り方が問題の原因になってしまっている
- ナイトくんは、誰の助けも得られないまま、孤独にあなたを守ってくれているから、本当は疲れている
- ナイトくんは、あなたから疎まれていることも知っている
- ナイトくんは、それでもあなたの傷を守るために、孤独にがんばってくれている

あなたを守るためによかれと思ってがんばってきたのに、その結果問題を引き起こしてしまい、あなたから恨まれて悲しそうなナイトくん……。

それでも孤独にあなたを守ろうとしているナイトくん……。

目に浮かぶでしょうか。

それでもナイトくんががんばっているのは、あなたが傷つくくらいなら、問題を起こした方がマシだと判断しているからです。

この硬直した状態を解決する方法がひとつだけあります。

それはナイトくんと対話をすることです。

3章

あなたの問題を解決する方法「ナイトくんワーク」

ナイトくんはわたしを本気で守ってくれていた。
でもだからこそ、うまくいかなくなっていた。
ナイトくん、わたしはどうしたらいいの？

ボクの話を聞いてくれる？
聞いてくれるだけでいいんだ。
ボクのこと、わかってくれるだけでいいんだ。

ねえ、あなたのこと、もっと教えて。

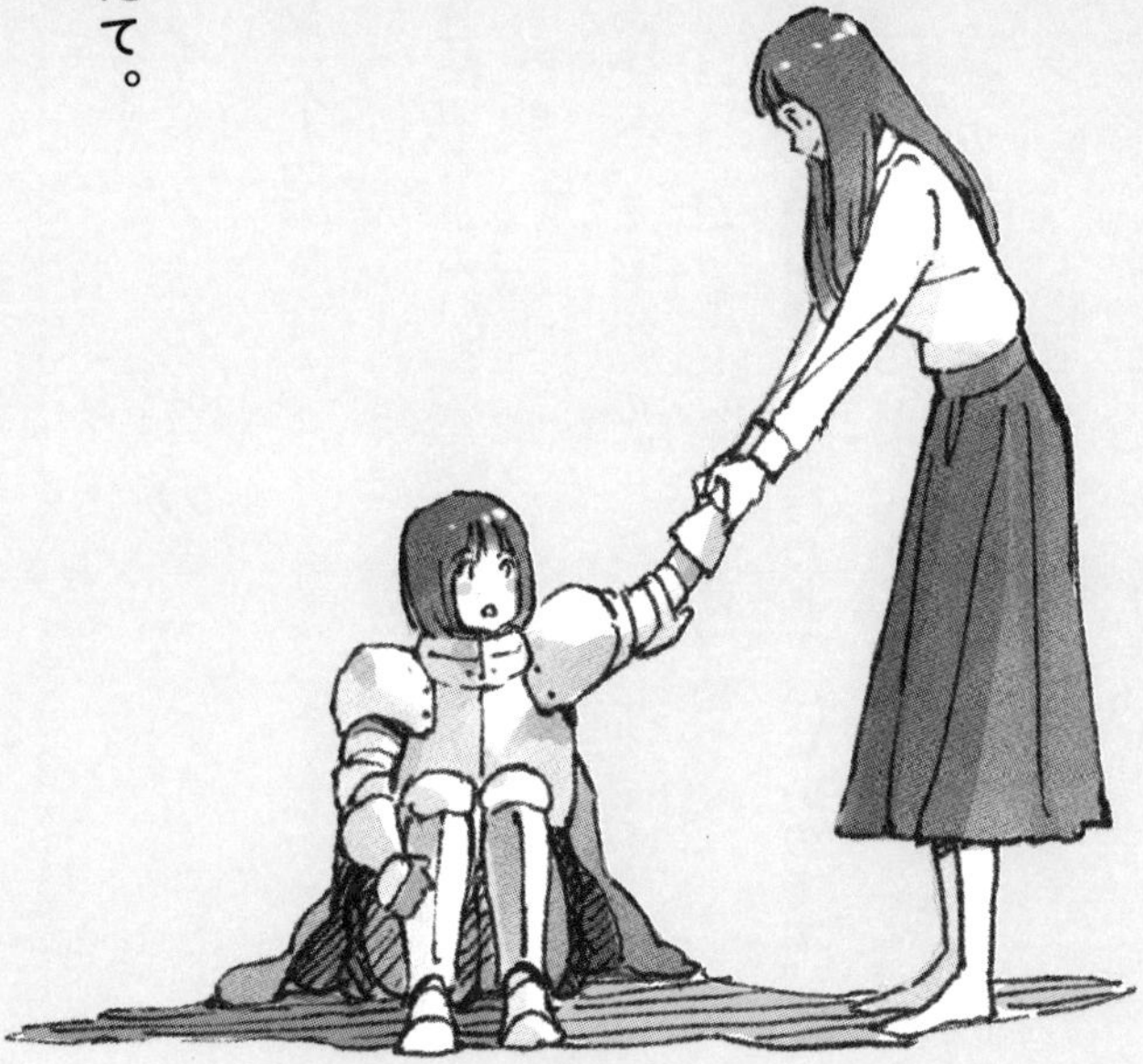

解決しないのはナイトくんとのコミュニケーション不足？

この章では、あなたの問題を解決するための具体的な方法をお伝えします。

それはナイトくんと「対話」をすることです。

あなたを守ってきた、あなたの中にいる存在なのに、あなたはナイトくんに気づいていなかった上に、対話をしたことが一度もなかったはずです。

あなたとナイトくんのコミュニケーションが一度も行われていないのです。

ナイトくんとしては、あなたを心の傷から守るために全力を尽くしている。

しかし、あなたとしては、その心の傷というものがなんなのかもわからないし、そもそも問題を引き起こしてまで守ってほしいとは思っていない。

そんなお互いの行き違いが、状況がよくならない一番の原因です。

ナイトくんからすれば、自分の言い分を、本当の気持ちを、誰にもわかってもらえていないのです。

それはちょうど、幼い頃のあなたと同じ。

自分の気持ちや苦しさ、複雑な思いを誰にも受け入れてもらえなかった。
親にもわかってもらえなかった。
言えなかった。
真摯に聞いてもらえなかった。
寄り添ってもらえなかった。
それと同じです。

あなたが自分のことをわかってほしかったように、ナイトくんも、あなたにわかってほしいと思っています。

それに耳を傾けてあげてほしいのです。
小手先のテクニックで、ナイトくんをどうこうしよう、コントロールしよう、というやり方ではうまくいきません。

そんなことをしたら、かえってナイトくんは心を閉ざしてしまいます。


ナイトくんは、なぜそうまでしてあなたを守ろうとしているのか？

ナイトくんが、あなたを守ってくれなくなったら何が起こるのか？

ナイトくんは、あなたの何を心配しているのか？

ナイトくんの動機も聞いてあげることが必要です。

どんな小さなことでも、あなたの中にいるナイトくんの言い分を聞くことが、非常に大切なのです。

あなたの中にナイトくんはたくさんいる

「心の防衛隊」のことをこの本ではナイトくんと呼んでいるわけですが、防衛「隊」というように、ナイトくんはたくさんいます。

いまの日常で活発に出てくるナイトくんは数人から十数人ですが、**いまは静かにしているナイトくんも含めると、何十人もいるイメージです。**

みんな、あなたの「心を守るというミッション」のもと、がんばってくれています。

たとえば人間関係でも、「上司など年上の人と関わるときに出てくるナイトくん」「恋人やパートナーと関わるときに出てくるナイトくん」「子育てのときに出てくるナイトくん」「集団の中でいるときに出てくるナイトくん」とさまざま。

さらに、「お金に関するテーマのときに出てくるナイトくん」「仕事のときに出てくるナイトくん」「病気のときに出てくるナイトくん」「旅行のときに出てくるナイトくん」「ＳＮＳを見て他人と比較しているときに出てくるナイトくん」……。

それぞれの場面やテーマごとに、それを専門とするナイトくんが存在します。

どの場面でも、いつもメインで出てくるナイトくんもいます。

普段は出てこないけれど、ある特定のテーマのときにだけ出てくるナイトくんもいます。

人間関係の問題のときには、いつも出てくるナイトくんもいます。

最初は厳密に分ける必要はありません。

大切なのは、ナイトくんと対話をするということをスタートすることです。

あまり難しく考えず、ナイトくんはたくさんいて、心の防衛隊があなたを守ってくれているのだ、とまずは理解してもらえれば十分です。

ナイトくんがたくさんいることは怖いことではありません。

それを忘れないでくださいね。

あなたの周りで心優しいナイトくんたちが、みんなであなたを守ろうとしてくれているのです。

どのナイトくんもみんな、あなたが大好き。

あなたのために一生懸命、がんばろうとしてくれています。

これからご紹介するナイトくんとの対話のやり方は、私の臨床経験をもとに、本書を通して取り組めるようにシンプルにアレンジした導入編です。

どのナイトくんとの対話にも使えます。

この章でご紹介する、**問題解決のためのナイトくんとの対話のやり方を「ナイトくんワーク」と名づけることにします。**

「ナイトくんワーク」に取り組む上での基本事項をこれから説明していきます。

心や身体の〝ざわついている場所〟にナイトくんはいる

「対話をするっていっても、じゃあナイトくんはどこにいるの？」

「私の心が作り出したっていわれても、そんなの全然わからない」

そう思うのも当然ですよね。

「ナイトくんワーク」の前に、ここで簡単に、ナイトくんの見つけ方の流れを説明します。

あなたのナイトくんが顔を出す瞬間が、じつは日常で何度もあります。気づいていないだけで、一日の中で何度もナイトくんが顔を出しています。

それは、あなたの心や身体《からだ》が不快な感情・感覚を覚えているときです。

その心身が不快で〝ざわついている場所〟に、ナイトくんがいると思ってください。

その不快な感情・感覚にも、2種類あります。

1 自覚しやすい（強い）感情・感覚が心身に湧いているとき

日常で何か出来事が起きて、悲しみ、怒り、後悔、悔しさ、憎しみ……といったわかりやすく**自覚しやすい感情・感覚が心身に湧く。**

（例）

怒りでわなわなする

ムカついてイライラしている

悲しくて涙が出てきた

後悔して落ち込む
恥ずかしい
相手が許せない
焦り、焦燥感でキツい
強い不安感で苦しい……など。

2 自覚しづらい（漠然とした）感情・感覚、不快感が心身に湧いているとき

日常で何か出来事が起きて、なんかイヤ、モヤモヤする、うまくいえないけど不快、ここから離れたい……などといった**漠然とした不快感が湧く。**

（例）
同僚に言われたことが何かひっかかる
約束のことを考えると気が重い
出かけたくない

仕事に行きたくない
返信が来なくてモヤモヤする
なんだかやる気が出ない
先延ばししたい
無気力
めんどうくさい
だるい
明日のことを考えるとザワザワする……など。

「胸が苦しい」「のどがつまる」など無意識のシグナルは身体に出る

この1か2の状況のときが、ナイトくんを見つけるチャンスです。
お気づきのとおり、1か2の状況のときには**あなたが問題そのものに直面して**

いるときともいえますね。

1か2の状況のときの体感覚を意識してみましょう。

胸が苦しい、のどがつまる、背中がモヤモヤする、全身がわなわなする、肩が重だるいなどのように、身体に変化が起きていることが多いです。

そこにナイトくんがいると思ってください。

私たちは、無意識のシグナルを、言語では理解できなくても、身体でキャッチしています。

思考や理屈でナイトくんを見つけるのは非常に難しいのですが、体感覚でなら、ナイトくんの存在を感じやすいのです。

ただこれも、練習をしないと実感できない方が多いので、身体の感覚がわからない方は、1か2の感情・感覚に少しでも意識を向けてもらえれば十分です。

特に1の場合は、怒りや悲しみといった自覚しやすい感情・感覚が湧いているのでわかりやすいはずです。

その強く感じている感情そのものを、ナイトくんとして考えてみましょう。

あなたオリジナルの名前をつけてあげよう

ナイトくんを見つけたら、名前をつけてあげます。

名前をつけてあげることで、どのナイトくんがいま出てきているのかの見分けがつきやすくなります。

さらに、**自分とナイトくんを分けて客観視しやすくなります。**

名前というラベルをつけてあげることで、ひとつの存在として認識しやすくなるのです。

何よりあなたが名前をつけてあげることで、ナイトくんとの関係が一歩深まります。

名前をつける際、可能であればそのナイトくんがどんな姿形をしていそうか、イメージしてみるのがおすすめです。

怒りを感じているときに出てくるナイトくんは、燃えている炎。

漠然とモヤモヤしているときに出てくるナイトくんは、黒い霧。

人とのいざこざで悩んでいるときに出てくるナイトくんは、トゲトゲした鉄球。

……といったように見えるかもしれません。

ただ、ナイトくんの姿形をイメージするのは、得意不得意があります。

無理してイメージをする必要はありません。

大切なのは、まずは名前をつけてあげることです。

私の講座で心理セッションを受けたクライエントさんたちが、ナイトくんたちにつけた名前を一部ご紹介します。

名づけ方にルールはありませんので、参考にしてみてください。


怒りを感じるときに出てくるナイトくんの名づけ例

「イライラさん」「炎ちゃん」「般若《はんにゃ》さん」「破壊屋」「マグマさん」……など。

不安を感じているときに出てくるナイトくんの名づけ例

「暗闇さん」「カチコチくん」「北風ちゃん」「崖っぷちさん」「ブラックホール」……など。

やる気が出ないときに出てくるナイトくんの名づけ例

「アメーバ」「鉛ちゃん」「めんどいくん」「ネバネバ太郎」「どんよりさん」……など。

しんどいのにがんばり過ぎてしまうときに出てくるナイトくんの名づけ例

「リーダーくん」「勝ち負けさん」「プライドちゃん」「ぬりかべ」……など。

ナイトくんに聞いてあげてほしい3つの質問

さあ、それでは次に対話のやり方を説明しましょう。

対話といっても、あなたが質問を投げかけてあげることで、はじめてナイトくんは話をしてくれます。

つまり、**あなたがナイトくんを見つけて、あなたから質問を投げかけない限り何も話してくれません。**

関係が深まってくると、ナイトくんからたくさん話をしてくれるようになる場合もありますが、最初はあなたからあたたかい気持ちで、関心をもって話しかけることが必要です。

ここでは、ナイトくんに聞いてあげてほしい基本の3つの質問を準備しました。

質問1・「ナイトくん（あなたがつけた名前）、どうして○○なの？」
質問2・「ナイトくん（あなたがつけた名前）、あなたの『ミッション』はなんですか？」
質問3・「ナイトくん（あなたがつけた名前）、あなたがその『ミッション』をやめたら、私はどうなると思っているの？」

順番に説明していきます。

質問1「ナイトくん（あなたがつけた名前）、どうして○○なの？」

最初に聞きたいのは、ナイトくんが「なぜその状態なのか」ということです。

これを質問します。〇〇に入る言葉は、あなたが見つけたときの感情・感覚の表現です。例をあげましょう。

「どうしてAさんに怒っているの？　イライラしているの？」
「どうして不安なの？」
「どうしてめんどうくさいの？　やる気が出ないの？」
「どうしてモヤモヤしているの？」
「どうして仕事に行きたくないの？」

このように、「どうしてその感情・感覚を抱いているのか」「どうしていま、その状態にあるのか」を聞いてみます。

質問2　「ナイトくん（あなたがつけた名前）、あなたの『ミッション』はなんですか？」

次に、ナイトくんのミッション、つまり「なぜあなたのために働いてくれているのか、どんなお役目を果たそうとしてくれているのか」を聞いてみましょう。

ミッションの真の目的は、あなたの心の防衛であり、傷つくことから心を守ること。ですが、**このナイトくんが具体的に、どんな働きを通して心を守ろうとしてくれているのか**を知るための質問です。

「どうやって心の防衛をしているの？」という、難しい質問をしてもナイトくんはうまく答えられません。

ここでは、シンプルにナイトくんの働きを「ミッション（使命・任務）」と表現します。あなたの「ミッションはなんなの？」と優しく聞いてあげるイメージです。

質問3

「ナイトくん（あなたがつけた名前）、あなたがその『ミッション』をやめたら、私はどうなると思っているの？」


ナイトくんが、そのあなたの心を守るというミッションをやめてしまったら、「あなた自身がどうなってしまうと思っているのか？」を聞いてみましょう。

このミッションをやめてしまったら、あなたがまた傷ついてしまう、大変な思いをしてしまう……。

それをナイトくんはよくわかっているからこそ、あなたを守ろうとしてくれています。とても心配してくれているのです。

いったいあなたが〝どうなってしまうこと〟を心配しているのか、ナイトくんに聞いてみましょう。

ここでは、あなたも想像しなかったような答えが返ってくることが多いです。

労いの気持ちを伝えるだけで問題が減る

質問を通して対話が一通り終わったら、ナイトくんに労《ねぎら》いの気持ちを伝えます。

もうひとりぼっちではないこと、そしていままでがんばってくれたことへの感謝の気持ちを伝えてみましょう。

可能な人は、対話を通して気づいたことも、ナイトくんに伝えてみましょう。

それによって、ナイトくんの視野が広がります。

あなたを守ろうとして必死になり過ぎて、問題を起こしてしまうという頻度や強度が緩みます。

あなたが、ナイトくんを見つけ、対話をし、気持ちを理解し、労いと感謝の気持ちを伝えるだけで、**ナイトくん自身が緩んでくれます。安心してくれるのです。**

あなたが会社でずっとひとりで、孤独にこなさなければいけない重大な仕事・プロジェクトに追われていると実際に考えてみてください。

密室で、誰にも相談できない、その任務を誰も助けてくれない。そんな中、次々に起こる問題に対処しなければいけない状態です。

そんな余裕のない状態では、仕事をこなすのに必死で、プレッシャーからうまく仕事ができないと思いませんか。

パニックゆえに、ミスも増えて、うまく対処ができなくなるかもしれません。

そんなとき、密室の扉が開いて「どうしたの？」と声をかけてくれる人が現れたらどうでしょう。

そして、あなたの話を聞いてくれて、「いままでがんばってくれてありがとう。

もうひとりじゃないからね」と言われたらどうでしょう。

いままでのプレッシャー、今後の仕事の取り組みに変化が起こりますよね。

それとまったく同じことなのです。

「もう無力じゃないよ」と伝えてあげよう

「ナイトくんワーク」の中で重要なことのひとつが、自分が大人になっていること、いまの現実、自分の実年齢などをナイトくんに教えてあげることです。

ナイトくんはあなたが幼い頃に誕生しているので、あなたのことをいまだに子どもだと思っています。

少なくとも、いまのあなたよりも、ずっと幼くて、まだ力がない存在だと思っています。

ナイトくんが誕生した当時のあなたの印象のまま、止まっています。

だからこそ、必死で弱いあなたを守ろうとがんばってしまうわけです。

あなたの実年齢を伝えて、もう大人になっていること、いまの現実は当時の幼い頃とは違うことを伝えてあげる必要があります。

それをナイトくんに伝えると大抵は「信じられない」とか「え？　そうなの!?」と驚かれることが多いです。

年齢だけではなく、次のようなことを具体的に伝えてあげてください。

・**いまは幼い無力な子どもではなく、ずっと大人になっていること**

・**あの頃と比べて、自分が変化したことや成長したこと**

あなたは、あの頃よりずっと成長し、さまざまなことが変化していますよね。

伝えることによって、ナイトくんの思い込みが外れて、あなたを必死で守らなくても、もう大丈夫なんだという安堵感《あんどかん》がナイトくんの中に生まれます。

それによっても、**あなたを心の傷から何がなんでも守ろうとする「極端なミッ**

ションの遂行（必死で心を守ろうとするがゆえに、かえって問題を引き起こしてしまうこと）」が減っていきます。


こんなふうに考えるとわかりやすいかもしれません。

あなたがめんどうを見てきた親戚の子どもがいると思ってください。

いつも泣いていて、傷つきやすくて、あなたはそれが心配で、ずーっと気にかけて支援してきました。

傷つかないように身を挺《てい》して必死で守り、あれこれと気にかけてきました。

いつまでも小さな子どもに見えるので、かれこれ何十年も、その子のお世話をしてきました。それが自分のミッションだと思っていました。

ある日その子から、

「ねえ、私、もう大人になったんだよ。大丈夫だよ」

と言われ、よくよく見てみたら、身体は立派な大人。

自分の背丈よりも大きくなって、顔には皺《しわ》のひとつもできています。

あどけなくて小さくて頼りない子どもから、成人に変化していることに気づいたら、どんな気持ちになりますか？

「え？　え？　そうなの？　そんなに成長していたの？　そうか。なあんだ、じゃあこんなに必死でお世話しなくても大丈夫なんだね」

ちょっとほっとして、お世話を緩めることができると思いませんか。

実際私たちも、友人のお子さんの年齢を聞いたり、テレビで有名な子役がすっかり大人になっているのを見たりして驚くことがありますね。

「そんなに大きくなったの！」と。

それと同じで、**ナイトくんも、あなたがそんなに大人になっていることに気づいていないのです。だから教えてあげる必要があります。**

ナイトくんに、いまの大人になったあなたの姿、現状に気づいてもらうことも、対話を通してやってほしい大切なことになります。

ナイトくんにはこれからも隣にいてもらっていい

先ほどのたとえ話の続きです。

あなたがずっとめんどうを見てきた親戚の子どもがいるとして、その子から、

「もう、私、大人になったから大丈夫だから。お世話もそのミッションも、これ以上しなくていいよ。むしろ、そういうのやめてくれる?」

と急に言われたら、どんな気持ちになりますか?

「あ……そうなの? そうか。ん~でもまだ心配だなあ……。あと、正直寂しい。もう私は用無しなのかな。いままでの私のがんばりはなんだったのだろう」

という、複雑な気持ちになりませんか。

これはナイトくんたちも同じです。

あなたが大人になったと聞いても、まだあなたのことが心配です。

何より「そのミッションは、もうやらなくて結構です」と、急に引導を渡されてしまうのも、ちょっとショックなんです。

だって、何十年も、あなたのために尽くしてきたのですから。

それに実際問題、このナイトくんが完全に引退してしまったら、今後、傷ついてしまうかもしれない場面で、本当に深い傷を受けてしまう可能性もあります。

ですから、ナイトくんに引導を渡す必要はありません。

必要以上の心の防衛を少しずつ緩めてもらうだけでよくて、これからも、一緒にいてもらった方がいいのです。

ナイトくんという、心の防衛反応をすべて放棄するという極端な選択をしなくてもいいのです。


だからこそ、ナイトくんを突き放すのではなくて「引き続き横で見守っていてね」と優しい声をかけてあげてほしいのです。

「必要なときにはまた助けてね」

「でも、前ほどがんばらなくてもいいからね」

「横で見守っていてね」

こう伝えてあげると、ナイトくん自身も、ほっとできますし、納得できます。

先ほどのたとえでいうのなら、親戚の子どもがあなたに、

「いままでみたいにそんなに必死でお世話してもらわなくても大丈夫なんだよ。でも、何かあったら頼りたいから、横で見守っていてほしいな」

と言ってくれたら、あなたも素直に、

「そうか、わかったよ。じゃあ横で見守っているから、何かあったらいつでも頼ってね。またお世話もするし、助けに行くからね」

という、あたたかい気持ちになりませんか？

問題があるのは心がちゃんと機能しているから

「この問題をできるだけ早く解決して、二度と繰り返さないようにしたいんです。どうしたらいいですか?」

問題を抱え悩んでいる人はこのような質問をします。

気持ちはとてもよくわかります。

しかし、繰り返しお話ししているように、**問題があることにも、ちゃんと意味があって、その意味の多くが心を守るという防衛の働きです。**

問題の裏側を見ると、ちゃんとあなたのために、働いてくれている面があるのです。

悩みや問題を一気に解決することは、あなたの心を無防備な丸裸にすることと変わりないため、心の負担も大きくなります。

下手をすると、余計に傷ついて問題を強化してしまう可能性もあります。

「問題がすべてなくなったら幸せになれるのに！」

と、信じている人がほとんどですが、それは勘違いであり、間違いです。

問題の本当の姿に気づいていません。

「ナイトくんワーク」を通して問題の本当の姿に気づくと「悩みや問題を一掃しよう」という意識から、**「悩みや問題をもっていてもいい」というスタンスに変わり、自然と、生きるのが楽になります。**

そして、自分の心の働きの素晴らしさが理解できるようになります。

問題はゆっくり、少しずつ解決していけばいい。

それまでは、問題をもっていてもいいのです。

「問題をもっている私は、心がちゃんと機能している、働いてくれている証拠だ」

そんなふうに考えてみてください。

これは「ナイトくんワーク」を繰り返し行い、あなたの中のたくさんのナイトくんたちと対話を重ねることを通して、はじめて体感できることでしょう。
いまはピンとこなくても、焦らずにいきましょうね。
いつか腑《ふ》に落ちる日が来ますから。

「ナイトくんワーク」の7ステップ

ここまでお話しした「ナイトくんワーク」は、まとめると次のようになります。

ステップ1　ナイトくんを見つける

解決したい問題をひとつ選びます。その問題や出来事が起きたときの、身体の感覚を意識します。そこにナイトくんがいます。

ステップ2　ナイトくんに名前をつける

可能なら、姿や様子をイメージしながら、名前をつけてあげます。

ステップ3　質問を通して対話をする

質問1・「ナイトくん（あなたがつけた名前）、どうして○○なの？」

質問2・「ナイトくん（あなたがつけた名前）、あなたの『ミッション』はなんですか？」

質問3・「ナイトくん（あなたがつけた名前）、あなたがその『ミッション』をやめたら、私はどうなると思っているの？」

ステップ4　ナイトくんを労い、もうひとりではないことを伝える

「いままでずっとひとりで、がんばってくれてありがとう」と労い、これからはひとりぼっちじゃないことを伝えます。

ステップ5 ナイトくんに自分が大人になったことを伝える

実年齢や、いまの生活、成長したことなどを伝えます。

ステップ6 これからも、隣にいてもらうように伝える

「必要なときにはまた助けてね」などと伝えます。

ステップ7 またお話をしようね、と伝えて対話を終了する

最後に、「またお話をしようね」と、次の約束をしてナイトくんを安心させてあげてから、対話を終了してください。ナイトくんを再び放置したり、ひとりぼっちにしたりはしないよ、という約束をしてあげるイメージです。そしてこの対話が終わったあとも、必要に応じてまた対話を繰り返して、ときどきナイトくんを気にかけてあげてください。

この「ナイトくんワーク」は、7ステップに絞って、簡潔にわかりやすくアレンジしています。本来ならもっと質問事項も多く、多岐にわたったさまざまなやりとりがあります。

ここで紹介したものは、私がこれまでに多くのクライエントさんと接してきた臨床経験などを通して、わかりやすく、かつ効果が出るように、導入・入門編として重要な部分をまとめています。

このワークで一番重要なことは、**いつでも自分でできるセルフワーク（セルフ心理セッション）である**、という点です。

そう、このワークはあなたひとりでも取り組めます。

自分で自分の問題を解決できるようになる力を身につけてもらう。
自分で自分を支えられるようになってもらう。

これは私の活動を通して、一番大事にしていることだからです。

何度も取り組んでいくうちに、問題の解決や生きづらさの解消につながっていきますので、ぜひやってみてくださいね。

ナイトくんとの対話は「そんな気がする」でOK

「ナイトくんに質問を投げかけたら、本当に声がするのですか？」

「対話するとか、回答が返ってくるというのがよくわかりません」

という質問をいただきますが、実際に声が聞こえたりはしません。

自分の頭に言葉が浮かんでくる感じや、そんな気がする、というところからがスタートです。

特に最初は誰もがつかみづらくて当たり前。

「なんとなく、こんなことを言っている気がする」「こんな言葉が頭にふと浮かんだ」という程度で十分です。

思い込みなのではないかとか、自分が都合よく回答を作っているのでは、などと考え過ぎる必要はありません。

それでもわからない場合は、まずはシンプルに、**自分で自分に質問して、自分が答える**というイメージで始めてみてください。

ナイトくんはあなたの一部でもあるので、あなたが自分の質問に自分で回答しても、大きくずれてしまうことはありません。

なれてくると、ナイトくんが言っていることがだんだん明確になっていきます。

特に、自分では想像もしなかったような回答が浮かんだりすることが増えていきます。

そういう内容にこそ、ナイトくんの本音が含まれています。

最初からは対話はうまくいきませんので、思うようにできなくても、それが当たり前です。安心してください。

いままでずっと放置してきたナイトくんにいきなり話しかけても、ナイトくんはびっくりしてうまく答えられないのです。

根気強く話しかけてあげることで、あなたとナイトくんの信頼関係ができていきます。

そのためにはある程度の練習が必要になるので、焦らずにやってみましょう。

ここまで、大まかな流れを説明しましたが、文章でやり方の説明だけを聞いていても、いまいちイメージが浮かばないと思います。

実際このワークは、実践を何度も繰り返すことが非常に大切です。

いくら思考で「自転車の乗り方」の説明を理解して、頭でシミュレーションしても、実際に自転車に乗ることを繰り返さない限りは、乗れるようにはなりませんよね。それと同じです。

これから、私とクライエントさんの心理セッションの中での、実際のやりとり例をご紹介します。

「ナイトくんワーク」のやり方を、なんとなくでもつかんでいただけたらと思います。

なお、通常は紆余《うよ》曲折ありながら時間をかけて対話、セッションを深めていくのですが、わかりやすくするために、流れを簡潔にまとめています。

やり方は、先ほどご紹介した7ステップに沿って行います。

私、橋本と、クライエントさんの対話形式になっています。

なお、登場するクライエントさんの背景や年齢、回答内容などは特定を避けるため一部手を加え変更しています。

「ナイトくんワーク」実例1

相手に言いたいことが言えない

Aさん　相手に、特に夫に言いたいことが言えなくて困っています。不満があっても、私ががまんすればいいと思ってのみ込んでしまいます。それで溜《た》め込んでつらくなり、あるとき爆発して泣いてしまったりします。

橋本　相手に言いたいことをがまんしてしまい、言えなくてつらいのですね。
では、言いたいことをがまんした場面を思い出してもらえますか？　**その場面を思い出すと、身体はどんな感じがしますか？**　※ステップ1・ナ

Aさん　のどのあたりがつまる感じがして、あと胸も苦しい感じがします。

イトくんを見つける

橋本　そこにナイトくんがいます。その身体の感じに意識を向けてみてください。もしもナイトくんに姿や形があるとしたら、どんなイメージが湧きますか。

Aさん　つるつるした、大きな石、灰色の重しみたいな感じがします。

橋本　では、そのナイトくんに名前をつけてあげたいのですが、**どんな名前にしましょう。**

※ステップ2・ナイトくんに名前をつける

Aさん　漬物石さんにします。

橋本　では、漬物石さんに聞いてみてください「漬物石さん、**どうして言いたいことが言えないの？　どうしてがまんしているの？**」

※ステップ3・質問を通して対話をする1

Aさん　「だってがまんしないと、いろいろ大変になるよ」って言っている気がします。

橋本　大変なことって何？　と聞いてみましょうか。

Aさん　「言いたいことを言ってしまったら、あなたは夫に愛想を尽かされてしまうよ」って言っている気がします。

橋本　がまんしないと愛想を尽かされてしまう、と言っているんですね。では、「漬物石さん、**あなたの『ミッション』はなんですか？**」と聞いてみましょう。

※ステップ3・質問を通して対話をする2

Aさん　「ミッションは……。私をがまんさせて、夫とか、誰かとの間にトラブルが起きないようにすること」って言っています。

橋本　それを聞いてどう思いましたか？

Aさん　そうかもしれないけど……。私はもうがまんしたくないので、正直やめてほしいというか、迷惑だなってちょっと思ってしまいました。夫だけじゃなく、誰に対してもいつも言いたいことをがまんしがちで、それで疲れちゃうので。

橋本　では、「漬物石さん、**あなたがその『ミッション』をやめたら、私はどうなると思っているの？**」と聞いてみましょう。※ステップ3・質問を通して対話をする3

Aさん　「このミッションをやめたら、私が夫からも嫌われて、ひとりぼっちになるよ、孤独になるよ」と言われました。夫だけじゃなくて、みんなが愛想を尽かして去ってしまう……誰もいなくなるって言っている気がします（涙ぐむ）。

橋本　それを聞いて思い出したり、感じたり、気づいたりしたことはありますか。

Aさん　子どもの頃から、自分の意思というか、これはイヤだ、とか、これがいいとか、そういう話をすると、親、特に父親が不機嫌になって口をきいてくれなくなることが多くて……。自分の意見を言うと父に冷たくされるのがイヤで、がまんしているのが楽というか、私が何も言わなければいいんでしょ、って思うようになったのを思い出しました。おとなしく言うことを聞いていた方が父の気持ちが安定するので。あと、私は小学校でいじめに遭っているんですが、そのときも、私の発言をからかわれたことがきっかけになっているので、思っていることを言うと嫌われてしまう感じがすごくするのに気づきました。

橋本　漬物石さんは、それを子どもの頃から見てきたので、**これ以上あなたが傷つかないように、言いたいことを、あえて言わないように、がまんするようにしてきてくれた**ということだと思うのですが、それについてどう思いますか。

Aさん　はい、そうだと思います。自分の気持ちを出してしまうと、お父さんや友達に嫌われる感じ、無視されて距離を置かれる感じがして、それはとてもつらいので……。がまんできなくて、言いたいことを言うときもあるんですけど、いつもあとから、言わなければよかったかなとか、怒らせちゃったかな、もう連絡が来ないかも、とかすごく気にしたり後悔しちゃったりして、言いたいことを言うと余計に疲れちゃうから……。

橋本　だったら私ががまんした方が楽って感じで。
漬物石さんは、そういうことも理解して「言いたいことをがまんさせるミッション」をしてきてくれたんですね。それに気づいて、漬物石さんに伝えたいことはありますか。

Aさん　なんだろ……（涙があふれてくる）。イヤだったけど、漬物石さんのおかげで私は守られていたんだなと思って。嫌われなくてすんだというか。嫌われちゃうとすごくつらいから。がまんすることで、うまくいったこともたくさんあったなって。

橋本　漬物石さんもひとりでがんばってきていたので、**それを労ってあげてください。**※ステップ4・ナイトくんを労い、もうひとりではないことを伝える

Aさん　漬物石さん、いままでがんばってくれてありがとう。ひとりで一生懸命、私を助けてくれていたんだね。ありがとうね。もうひとりぼっちじゃないからね。私がいるからね。

橋本　漬物石さんにそれを伝えると、どんな様子ですか？

Aさん　さっきまでガチガチに固まっていた感じが、少し緩んだ気がします。

橋本　いいですね。では漬物石さんに、**もう自分が大人になっていること、実年齢や、現在の状況を教えてあげてください。**　※ステップ5・ナイトくんに自分が大人になったことを伝える

Aさん　私、もう34歳なんだよ。大人になったよ。成長したよ。いまはいじめられていないし、お父さんとも別に住んでいるんだよ。言いたいこと言っても、冷たくする人はいないよ。

橋本　そう伝えると、漬物石さんはなんて言っていますか？

Aさん　「えーそんなに大人になったの！」って言われました。びっくりしている感じがします。いじめられていないっていうのも「本当なの？」って言っている感じで。

橋本　「私、もう言いたいことをがまんしたくないんだ」って伝えてみましょうか。

Aさん　「……でも嫌われちゃうかもよ？」って言われました。

橋本　なんて言ってあげたいですか？

Aさん　嫌われちゃうかもだけど、もういじめもないから大丈夫だし、あと夫は、お父さんのときのように無視したりとかはしないと思うし、だからそんなに心配しないで。大人になって、子どもの頃よりは少しは強くなっているし。それにいざとなったら、私ひとりでも生きていけるよ。あの頃みたいに、無力じゃないよ。

橋本　それを伝えると、漬物石さんはどんな感じがしますか。

Aさん　ほっとしてくれているけど、まだ心配そうです。

橋本　では、「少しずつやってみるから、**横で見守っていてくれる？　何かあればまた守ってね**」と伝えてみましょう。※ステップ6・これからも、隣にいてもらうように伝える

Aさん　それを伝えると、ちょっと安心して笑顔になってくれた感じがします。

橋本　では横で見守っていてもらいながら、今後も、がまんしていることに気

づいたら、この漬物石さんが「言いたいことをがまんさせるミッション」を、Aさんの心を守ろうとしてよかれと思ってやってくれているのを思い出してください。そしてその都度、漬物石さんとまたお話をしてみてくださいね。今日はこのあたりまでにして、漬物石さんに「**お話をしてくれてありがとう、また話そうね」と伝えて終了にしましょう。**※

ステップ7・またお話をしようね、と伝えて対話を終了する

Aさん　漬物石さん、今日はお話をしてくれてありがとう。また話そうね。

橋本　ありがとうございました。いま、ご主人が目の前にいるとイメージしてみて、言いたいことをがまんする感じはどうなっていますか？

Aさん　前より、漠然と怖い感じというか、嫌われる感じというか、それが軽くなっています。溜め込まないで、少しずつ話せそうな気がします。

橋本　何よりです。引き続き日常で、この漬物石さんとお話をしていきましょうね。ありがとうございました。

「言いたいことが言えない」人に共通する問題

Aさんは、このワークが終わったその日から、言いたいことを夫の前で言おうとしたときの緊張感や不安感が減り、**少しずつ自分の意思を伝えることができるようになったそうです。**

そしてそれを伝えても、夫は嫌がらないし、お父さんがしたように無視はしないし、あっさり受け入れてくれることがわかったそうです。

「ナイトくんワーク」のすごいところは、**ナイトくんに気づくだけでも、現実が大きく変化する点にあります。**

いままでは、夫だけではなく親しい友達にも、がまんをし過ぎなくなり、言いたいことを伝えられるようになったとご連絡をいただきました。

ただ、職場の人など関係性がやや遠い人には、まだどうしても遠慮して言いたいことをのみ込んでしまうので、そのときは漬物石さんと「ナイトくんワーク」をするようにしてくれているそうです。

Aさんのように言いたいことをグッとのみ込んでしまう、がまんしてしまう人たちに共通していることがあります。

それは、**自分の意思を出したら嫌われるのではないか、**（無視などの）**攻撃をされるのではないかという恐怖**があるのです。

またその結果、ひとりぼっちになってしまうという**孤独への恐れ**もあります。

だからこそ、それを避けるために、人間関係において自分ががまんをすればいい、言いたいことを言わないという選択を無意識にしているのです。

この状態を私は、「あなたをがまんさせてくれているナイトくんがいる」と見立てます。

このナイトくんが、誕生したきっかけがあるはずです。

Aさんの場合、このナイトくん（ここでは漬物石さん）は子どもの頃からのお父さんとの関係の中で生まれ、いじめをきっかけに、ますます「言いたいことをがまんさせるミッション」をがんばるようになったという経緯があります（問題の強化）。

もうがまんはやめたい気持ちはわかるけれど、それをやめてしまったらまたあのときのように傷つくよと、漬物石さん（ナイトくん）が心配してくれているわけです。

また傷つくことがないように、自分の意思をがまんさせるという方法で守ってくれている状態です。

解決のためには、ナイトくんの言い分を理解してあげることが大切です。

実際に聞いてみると、自分でも忘れていたことを思い出して、はっとしたりすることがあります。

あるいは、「言いたいことが言えるようになってしまったら、たしかに怖いな」「ひとりになってしまうかも」といった、**問題が解決したらそれはそれで困ることに気づくこともあります。**

それによって、ナイトくんの働きの理由に納得感が生まれます。

そして、ナイトくんを排除したくなるような気持ちが落ち着き、理解が深まり、ナイトくんとの距離が近づきます。

これだけでも、ナイトくんは自分を理解しわかってもらえた安心感、気づいてもらえた安心感、あなたはもう無力な子どもではないのだとわかった安堵感で、ミッションをやり過ぎてしまう（これが問題となって現れます）ことが減っていきます。

「友達・恋人ができない」人に共通する問題

友達・恋人ができなくて悩んでいる人も、このテーマとつながっている場合が多いです。

信頼できる仲のよい友達や、素敵なパートナーが欲しいと切実に思っている一

方で、無意識では次のように思ってしまっているのです。

「もしもそんな相手が現れてしまったら、最初はよくても、いつか嫌われてしまうかも」

「いつか自分の元を去ってしまうかもしれない」

「そうなったら、立ち直れないくらい傷ついてしまう」

「また孤独に戻るのが本当に恐ろしい」

「もしまた孤独になったら、ダメな自分を責め、後悔で生きていけないほど苦しくなってしまうかもしれない」

「そんな思いをする可能性があって心が傷つくくらいなら、最初からひとりの方がマシ」

これらの無意識の本音をナイトくんはわかっているので、あなたを守ろうとします。

その結果、誰かと仲良くなりはじめたり、関係が深くなってきたりすると、それ以上深い関係になるのは傷つく可能性が高くなり危険だと判断します。

そして、急に会うのがめんどうくさくなったり、相手のイヤなところが目につきはじめたりして、関係を切る方向にもっていったりします。

そもそも、人との関わりをもたないようにしてしまう場合もあります。

ナイトくんにとってはそれが、あなたを守ることだと思っているのです。

あるいは先ほどの例のように、自分を押し殺していないと、相手に見限られてしまう気持ちが湧いてきてがまんしてしまう。その結果、相手への不満や怒りを溜め込んでしまい、自分から相手を嫌いになってしまう場合もあります。

人とのつながりを求めている一方で、人とつながるというのは、また傷つく可能性を含んでいます。

ナイトくんにとっては、その前にやめさせたいことなのです。

このあたりのすれ違いを、ナイトくんとの対話を通して気づいていくことで、ナイトくんのミッションを果たす方法が変わります。

そして、人とのつながり方が大きく変化し、問題が解決へと動き出します。

ブロックを解除して夢をかなえることにも活用！

ここまでの「ナイトくんワーク」は、言いたことが言えない、がまんしてしまうという、生きづらさやマイナス面の問題を扱いました。

さらに「ナイトくんワーク」では、自己実現や夢をかなえる（プラスを目指す）ためにも活用できます。

夢の実現を止めているブロックの原因が、ナイトくんの働きであることが非常に多いからです。

つまり、ナイトくんは、**よかれと思って、あなたの夢がかなわないようにしてくれている**という状態です。

その行き違いを、対話を通して解消していきます。

次の例では、収入が増えない、好きな仕事でうまくいかなくて悩んでいるBさんの例をご紹介します。

ここからは、さらに流れを省略して、簡潔な対話で進めていきます。

通常は、こんなにスムースに対話が進むことはないので、実際に取り組むときには、じっくり、焦らず対話を進めていきます。

「ナイトくんワーク」実例2

好きな仕事ができない・収入が増えない

Bさん　収入が増えなくて悩んでいます。副業で好きなことに関わる仕事も始めたのですが、うまくいきません。

橋本　その問題を考えたり、悩んだりしているときに、**身体はどんな感じがしますか？**　※ステップ1・ナイトくんを見つける

Bさん　胸からお腹《なか》のあたりが、ザワザワして、なんだかソワソワしてきます。

橋本　その身体の感じに意識を向けてみてください。そこにナイトくんがいるとして、もしもナイトくんに姿や形があるとしたら、どんなイメージが湧きますか。

Bさん　貧乏神みたいな……。ボロボロの服を着たお婆《ばあ》さんみたいな感じです。

橋本　そのナイトくんに、名前をつけてあげたいのですが、どんな名前にしましょう。※ステップ2・ナイトくんに名前をつける

Bさん　「みじめちゃん」にします。

橋本　では**「みじめちゃん、どうして収入が増えないの？」**と**聞いてみましょう。**どんな返事がありますか？※ステップ3・質問を通して対話をする1

Bさん　「だって、収入が増えたら罪悪感が湧くよ。お母さんに申し訳ないし、苦しくなるよ」と言っています……。

橋本　では、**「みじめちゃん、あなたの『ミッション』はなんですか？」**と聞

Bさん　いてみましょう。**※ステップ3・質問を通して対話をする2**
母と同じように、苦労しないと申し訳ないし、好きな仕事で簡単にお金を稼いでしまったら私だけ幸せになってしまう。そうしたら母を置き去りにしてしまう感じがして、だから……（涙声で）「苦労して、かつ収入が低くなるようにしているミッション。好きなことで収入を得ないようにするミッション」と言っています。

橋本　それを聞いてどう思いましたか？

Bさん　いろいろ思い出しています。うちはいわゆる貧困母子家庭で、お金にものすごく苦労しました。親戚にも頼れなくて、母が女手ひとりでがんばってくれていたのですが、家事をし、私たちを育てながら、朝から晩まで働いても薄給でいつもお金に困っていました。いつも悲しそうで、苦しそうで、不幸で、ぐったりしている母を見てきました。
そんな苦労してきた母を差し置いて、私が楽にお金を稼いでしまったら、なんだか母に申し訳ない感じがします。**ましてや好きな仕事で、お金をたくさん稼いでしまったら、母の努力を壊すような、私が母を裏切る**

ような、そんな感じがしています。
あと……(涙ながら)、私が生まれてきてしまったから、母に苦労をかけてしまった。申し訳ないって、そう思っているんだと気づきました。

橋本　そうだったのですね。では「**みじめちゃん、あなたがその『ミッション』をやめたら、私はどうなると思っているの？**」と聞いてみましょう。※ステップ3・質問を通して対話をする3

Bさん　このミッションをやめたら、好きな仕事で、私がお金を楽に稼いでしまう。そうしたら私がうれしくなるし、幸せになってしまう。でもそうしたら、苦労した母を刺激してしまい、傷つけてしまう、裏切ってしまう。「**そうしたらお母さんが不安定になって、お母さんを助けられなくなって、私も孤独になってしまう**」って、みじめちゃんが言っています。

橋本　それを聞いてどう思いましたか？

Bさん　いま思い出したんですが、母は、私がうれしそうにしていたり、楽しそうにしていたりすると、不機嫌になるんです。だから一緒に沈んで落ち込んでいないと、母がいつか家を出ていってしまうのではないかって思っていました。そうしたら、私はひとりぼっちになってしまう。そうなればひとりでは生きていけないって、私はいつもどこかで怯《おび》えていました。

だから、母を不機嫌にさせないように、私も苦労するべきというか……ましてや好きな仕事でお金を得ることなんて、母に申し訳なくて。お金を稼ぐには、イヤな仕事を苦しんでやらなければいけないと思ってきました。そうやって母と一緒に苦しんでいなければいけない、そんな感じがしていいます。それが、母を傷つけないための、母を守るための、私のやり方だったんです。（嗚咽《おえつ》しながら）自分が幸せになったら、お母さんに申し訳ない。苦労した母を裏切るような罪悪感が湧いてきます。

当時、母が精神的にかなり不安定になっていたので、いつか母が死んでしまうのではないかって、本当はずっと心配でした。それもあって母を刺激するようなことはしたくなかった。一緒に苦労して落ち込んでいないと、母を守れないような感覚がありました。

みじめちゃんは、私が経済的に苦労することで、不幸せでいることで、私だけじゃなく、母のことまで守ってくれていたんだと思います。私が母と同じ苦しい状況でいることで、母をひとりにしないようにしてくれたんだと思います。苦しいけれど、その方が私も母も安心できる感じがします。

橋本　みじめちゃんは、たったひとりで、あなたとお母さんのために、命を守るために、がんばってくれていたんですね。**まずはそれを労い、もうひとりじゃないことを伝えてあげてください。**※ステップ4・ナイトくんを労い、もうひとりではないことを伝える

Bさん　みじめちゃん、小さい頃から、ずっとありがとうね。ひとりでがんばって私とお母さんを助けてくれていたんだね。そのおかげで、お母さんも私もここまで生き延びられたんだと思う。ありがとうね。今日、みじめちゃんを見つけたから、もうひとりぼっちじゃないからね。私がいるからね。

橋本　みじめちゃんに、それを伝えると、どんな様子ですか？

Bさん　泣いています。本当は、私には好きな仕事で楽しくお金を稼いでほしいって思っていたけれど、それをしたら、母が不安定になって、どうなってしまうかわからないし、母に何かあったら、私も傷ついてもっとボロボロになってしまう。「だから、嫌がられても、自分のミッションを続けてきたよ」って言っています。

橋本　そうだったのですね。でもいまは当時と状況が違いますよね。**自分が大人になっていること、実年齢や、現在の状況を教えてあげてください。**

※ステップ5・ナイトくんに自分が大人になったことを伝える

Bさん　みじめちゃん、私、いま46歳なんだよ。すっかり大人だよ。小学生じゃないよ。あの当時のお母さんよりも歳《とし》を重ねたよ。いまは自立して生活もできているし、あの頃ほどお金に困ってはいないよ。お母さんもいまはメンタルが落ち着いて静かに暮らしているよ。あのとき、お母さんが死んじゃうかもって心配していたけれど、いまも元気に生きているよ。

あの頃とは状況が全然違うんだよ。

橋本　そう伝えると、みじめちゃんはなんて言っていますか？

Bさん　きょとんとしています。「信じられない」って。全身の力が抜けて、ヘナヘナ座り込んじゃった感じがします。「よかった〜」って言っています。

橋本　収入を増やしたいし、好きなことを仕事にしたいんだって、みじめちゃんに伝えてみましょうか。

Bさん　収入を増やしたいし、好きなことを仕事にしたいんだ。もう、苦労しつづけて、不幸のままでいるのはやめにしたいんだ。

橋本　それを伝えると、みじめちゃんは、なんて言っていますか？

Bさん　「ちょっと心配だけど、わかったよ」って言っています。

橋本　**「これからも、横で見守っていてくれる？　何かあれば、また守ってね」と伝えてみましょう。**　※ステップ6・これからも、隣にいてもらうように伝える

Bさん　それを伝えると、みじめちゃんが安心した感じがします。あとボロボロ

の服がきれいな服になって見た目も若返った感じがします。

橋本　今日はこのあたりまでにしましょう。**みじめちゃんに「お話をしてくれてありがとう、また話そうね」と伝えて終了にしましょう。**※ステップ7・またお話をしようね、と伝えて対話を終了する

Bさん　今日はお話をしてくれてありがとう。また話そうね。

橋本　ありがとうございました。また日常で、仕事や収入の面で心や身体がザワザワしてきたら、みじめちゃんと「ナイトくんワーク」をしてみてください。ありがとうございました。

「お金のブロック」が外れるということ

Bさんはセッションのあとから、副業が起動にのり、収入が増え、やがて副業

が本業の給与を超えたので、本業を辞めて、**好きな仕事でしっかりした収入を得られるようになったとご連絡いただきました。**

「ナイトくんワーク」を通して、ナイトくんに気づき、対話を何度も繰り返すことで、毎日の憂鬱な気持ちも、楽になっていったと教えてくれました。

そのうちに、自分が稼げば、母をもっと楽にさせてあげることができる、自分が先に幸せになれば母親や家族も幸せにできる、**自分が先に幸せになっても、母を置いていくわけでも裏切るわけでもない**、という感覚をしっかり体感できるようになったそうです。

自分が不幸でいても、それによって母が幸せになるわけではないことを自覚できてから、加速度的に収入が増えていったそうです。

これは、「お金のブロック」が外れた、と言い換えることもできますね。

このように「ナイトくんワーク」は自己実現、夢をかなえるという分野でも非常に強力なツールになってくれます。

繰り返しますが、ナイトくんの存在に気づくだけでも、心と人生に変化が起こりはじめるのです。

「親より幸せになってはいけない」という心のブロック

じつは、このBさんの例は、私自身のストーリーにかなり近いのです。

私の父は、母や私を殴るような人でしたが、私が9歳の頃に倒れました。

長い闘病の末、私が15歳のときに亡くなります。

父は一切の保険に入ることを拒否していたため、入院のためのすべての医療費と家族の生活費を母が支払わなければなりませんでした。

母の給与は雀《すずめ》の涙程度で、高額療養費制度を使っても、2人の子どもを育てながらの家計は非常に苦しく、まさに貧困母子家庭そのものでした。

父が亡くなったあとも保険金は一切おりませんから、私は進学でも大変苦労しました。国立大学の貧困家庭のための授業料の一部免除制度を使いながら、奨学金とアルバイトでやっとの思いで大学院まで卒業しました。

母の笑顔は私が9歳の頃から消えてしまいました。

2人の子どもを育てながら、朝から晩まで働いても、わずかな収入しか得られず、お酒の量が増え、メンタルが不安定になりました。

親戚や母の親（私の祖父母）からも援助は得られず、私の前で自死をほのめかすようになり、実際に目の前で自殺未遂が起きたこともありました。

ある日、テーブルの上の母の遺書を読んで、私は動転してしまい、小さな身体で気が狂ったように泣き喚《わめ》いたことを覚えています。

いつか母が死ぬのではないか、そうしたら家族がバラバラになってしまうのではないか、という恐怖をずっと抱えていました。

そうならないように、母の心が安定するように、お手伝いでも、よい成績をとるでも、なんでもしました。

子どもだったのでお金を稼ぐことはできない分、母を喜ばせること、母のメンタルが安定しそうなことをいつも考えていました。

一方で、母の命を守るために、母を少しでも刺激するようなことはしないように非常に気をつけました。

母と同じように、沈んで、いつも落ち込んで、静かにしているようにしました。**楽しいことやうれしいことは、してはいけないことだと自分に固く禁止しました。**

母よりも幸せになってはいけないと、決めたのです。

私が生まれてきてしまったばっかりに、母が苦しい思いをしていると思い、生きていることへの罪悪感、申し訳ない気持ちを常に抱えていました。

早く大人になって、お金を稼いで、母を楽にしてあげたい、妹にはみじめな思いをしてほしくない。

そんな子どもの頃からの強い思いで仕事をがんばっていたのですが、あの当時、がんばってもがんばっても一向に収入は増えず、奨学金の返済などでカツカツの日々を送っていました。

ある日ふと、自分の月の手取り額が、最大でも当時の母親と同じ額か、それ以下であることに気づいて愕然《がくぜん》とします。

そのときに、母と同じように苦労しなければいけない、ましてや好きな仕事で、楽しくお金を稼いではいけない、母より稼ぐのは申し訳ない、という思い込みがあることに気づきました。

収入を増やすのをやめ、好きな仕事がうまくいかないようにしてくれている、自分の中のナイトくんにそのとき気づいたのです。

ナイトくんは、よかれと思って、当時の感覚のまま、母や私を守ろうとするがゆえに、私の収入や夢の実現を止めてくれていたのです。

そこに気づいてからは早かったです。

自分のやりたいこと（心理支援）を仕事にできて、収入を得て、感謝までしてもらえる、「なんてありがたいのだろう、なんて幸せなことなのだろう」と心から思える場所に来ることができました。

しかしその後、家族の借金や自分と妹の奨学金をすべて返済して、燃え尽きているところに、東日本大震災が起きました。

福島県出身の私は完全にダウンしてしまいます。

徐々に体調を崩し、不安神経症をはじめ、うつやパニックの症状に長らく苦しみました。

そこから栄養療法（専用の食事法と栄養摂取を通して、身体・脳機能の改善を行うメンタルへのアプローチ）と、心理療法で少しずつ回復していきました。

ただその過程で、当時のつらい経験から来る発達性トラウマゆえに、自分の生きづらさやメンタル面の不調が起きていることに気づいたときには、**母への怒りや恨みが止まらなくなったこともあります。**

一生懸命、母を支え、家族のために人生を費やしてきたけれど、自分の人生は何ひとつ生きていない。誰のための人生なのか？　なんのために生きてきたのか？　と愕然とし、苦しみました。

収入だけではなく、自分で自分が幸せになることを止めていたのです。

その過程で、たくさんの「ナイトくんワーク」を自分自身で繰り返し、多くのナイトくんたちと出会い、対話し、心が解放されていきました。

やがて自分の問題を俯瞰《ふかん》して見ることができるようになりました。

「母もつらかった、あのときはそうするしかなかったのだ」という視点を、落ち着いてもてるようになりました。

母は当時30代。女ひとり、夫が倒れ、保険がおりず、お金がなく、幼い子ども2人を抱え、誰の助けも得られない状態であったこと。

何より母も、自分の親や家族との関係で苦しみ、深い傷を負ってきたこと。

そしてその親（祖父母）もたくさんの問題、傷を抱えていたこと。

それらを自分たちではどうにもできなかったこと。

それが理解できるようになりました。

生きづらさの問題は家系の問題として連鎖している

母は、傷つきながらも、なんとか必死で生きていただけにすぎなかったのです。そしてそれは世代を超えて、過去からずっと連鎖していたのです。

生きづらさの問題、傷を負わせてしまう問題は、親とあなただけではなく、親の親、そしてその親、さらにその親……というように、家系の問題として繰り返されており連鎖しています。

これはじつは多くの方に当てはまります。

いま抱えている問題も元を辿《たど》っていくと、誰が悪いではなく、延々と繰り返されてしまった、悲しい家系のストーリーが背景にあるのです。

結局、誰も悪くないし、その連鎖の中で、誰もが傷ついていたのです。

それでも各自が、必死で生きるしかなかった。ただそれだけなのです。

この繰り返される悲しいストーリーを私の代で最後にし、連鎖を止めること。

そしてそのやり方を多くの方に伝え、あなたの代でこれを止めてもらうこと。

そして何より、**いまからあなたの心の傷やわだかまりをあなた自身で解決して、マイナスからプラスへと飛躍し、いまここから、残りの人生を幸せに生きてもらうこと。**

これは私のライフワークのひとつです。

大丈夫、あなたもいまからできます。間に合います。

そのために、「ナイトくんワーク」は大きな助けになってくれます。


なお、ご紹介した2つのナイトくんワークの例では、どちらも両親が関わっている例を出しましたが、必ずしも、両親があなたの問題に関係しているわけではありません。

ただ、幼い頃の心の傷を考えたときに、どうしても周囲にいた「大人の養育者」が関係していることは多いです。

とはいえ、ナイトくんの誕生にはいろいろな背景があります。

安易に両親に問題を帰結させるのではなく、ナイトくんとの対話の中で見えてきたことを大切にしてください。

本当の問題解決とは「問題と手をつなぐこと」

私たちは、自分の問題を早く解決したい、早くなんとかしたいと思います。

人間関係、自分の性格や癖、仕事や経済面、あらゆる分野の問題を取り除いて、消し去ってしまいたいのです。

実際、私の元に来てくださる方々も、「早くこの問題をなんとかしてください」「解決してください」と言います。

それは普通の感覚だと思います。

問題に対して、「お前さえいなければ！」「あっちに行け！　お前なんか消えてしまえ！」「お前のせいで私の人生はボロボロなんだよ！　どうしてくれるんだ！」と怒りや恨みを抱えている状態です。

ところが「ナイトくんワーク」を繰り返し、さまざまなナイトくんたちと対話をしていると、**抱えている問題にも深い意味がちゃんとあることがわかります。**そして、その問題を通して自分が守られてきたのだ、という事実がだんだんと腑に落ちるようになります。

理屈ではなく、心の底から理解し、体感覚でも受け入れられるようになります。

何十年もずっと苦しんできた問題やテーマであっても、そのおかげで自分が守られていたという側面、背景があったこと、つまりナイトくんたちのがんばりが理解できるようになります。

相手のことをよく知らないままだと、いろいろな誤解が生じますよね。

ナイトくんワークでその誤解を解いて、ナイトくんの真意を理解し、あなたもナイトくんに寄り添うこと、何度でもナイトくんと対話し、お互いの関係性を深めていくこと、これが本当の問題解決につながります。

信じられないかもしれませんが、**ナイトくんがよかれと思って起こしてくれていた問題を、いつの日か愛《いと》おしく思えるようになっていきます。**

ナイトくんのこれまでの働きに、感謝できるようになっていきます。

ナイトくんが、必死でよかれと思ってあなたを守ってきたこと、ナイトくんが、いつでも側《そば》にいてくれたことを深く理解できるようになります。

問題を解決するとは、問題を取り除くことでも、消し去ることでもないのです。

問題解決とは、問題を理解し、問題と手をつなぐこと。

私はそう思っています。

問題が起きている本当の理由を知り、問題を起こすことであなたを守ってきたナイトくんを理解し、手をつないで一緒に歩いていくことです。

あなたはずっとひとりではなかったのです。

あなたを守ろうと、必死で不器用にがんばってくれていたもうひとりのあなた、ナイトくんがいつも隣にいてくれたのです。

そこに気づくことなのです。

あなたはいままでもこれからも、けっしてひとりじゃない

先ほどお話ししたとおり、私は人生の多くの時間を、心身ともに不調を抱えながら生きてきました。

さまざまな問題を抱えて、生きているのがつらくて、つらくて、なんでこんな思いをしてまで生きなければならないのだろうと思った日は何度もあります。

明るくて前向きで性格も穏やかで、会社でもプライベートでもたくさんの人に恵まれている友人がいます。

聞けば、育った環境はとても恵まれています。

心理療法や栄養療法に取り組んだことなどないし、「ナイトくんワーク」なんて、当然やったことなどありません。その必要がまったくないのです。

一方、私は子どもの頃から生きることが苦しくて苦しくて、自分を立て直すためにこれまで多くの時間を使ってきました。

世の中はなんて不公平なのだ、と悲しくなったこともあります。

しかし「ナイトくんワーク」を深めていく中で私は次のことに気づきます。

ずっとひとりで孤独に生きてきたと思っていたし、ひとりでがんばってきた。

そんな自分の苦しみを誰もわかってくれなかった。

寄り添ってくれなかった。

……でも、ナイトくんだけは、ずっと側にいて、私のことをこんなにわかってくれていたんだ。助けてくれていたんだ。

私はひとりじゃなかったし、ナイトくんだけは、自分をこんなに大切に思ってくれていて、大事にしてくれていて、身を挺して自分を守ってきてくれたんだ。

こんなに自分のことを思ってくれる存在って、他にいなかった。

こんなにすごい味方がずっと、私の中に、側に、いてくれたんだ。

私を守ってくれていたんだ。

私は、もうひとりの「わたし」にずっと守られてきた。

そのもうひとりの「わたし」は、不器用なりに、ずっと自分に無償の愛を注いでくれていた。

自分を愛するって、よくわからなかった。

そんなのできないと思っていた。

だけど、自分はちゃんと、自分に愛されていた。

ひとりじゃなかったんだ。


これを、心と身体の底から理解できたときがありました。

うれしくて、ありがたくて、あたたかくて、一日中、泣けて、泣けて、涙が止まらなくなりました。

たしかに私は、苦しい人生を送ってきました。

友人のように、恵まれた状況ではなかったけれど、そのおかげで自分を守ってくれる、自分を心の底から大切に思ってくれるもうひとりの「わたし」を知り、深く理解し、手をつなぐことができました。

苦しかったからこそ、こんなにすごい場所に来ることができた。

ここに辿り着けたのだから、いままでの苦しみにも大きな意味があった。

この感覚を知ることができただけでも、自分の人生のいままでに感謝できる。

そう、心から思えました。

本当に不思議な感覚だったのですが、けっしてその友人への負け惜しみでそう思ったのではありません。

自分に言い聞かせているわけでもありません。

心の底から、自分を守ってくれた自分自身、ナイトくんへの感謝と、ナイトくんが側にいてくれるあたたかさで満たされた瞬間でした。

さあ、ナイトくんと手をつないで一緒に歩き出そう

いま、あなたがどんなに悩んでいても、いまここから、変えていけます。

大丈夫。必ず、心の底から幸せを感じ、落ち着いた緩んだ心と身体で、穏やかに生きられるようになります。

自分らしい、生きたい人生を生きることができます。

それを忘れないでください。


孤独に、たったひとりで歩いてきた。

そう思っていたあなたの人生の道を振り返ると、**その隣にはいつも、あなたの足跡以外に、ナイトくんの足跡もあったのです。**

あなたがどんなに苦しいときでも、ナイトくんがあなたの側から離れたことは

一度だってありませんでした。

ナイトくんだけは、あなたをけっして見捨てませんでした。

いつだって、隣にいてくれたのです。

だからこそあなたは、ここまで生きてくることができたのです。


あなたは、いつだって、もうひとりの「あなた」に守られていたのです。

そしてこれからも、あなたはひとりではありません。

あなたを心の底から大切にしてくれている、もうひとりの「あなた」、ナイトくんがいつでも側にいてくれます。


それに気づいたあなたは、もうこの先、ひとりではありません。

さあ、ナイトくんと手をつないで、ゆっくり歩き出しましょう。

ナイトくん、あなたのこと、わかってあげられてなくてごめんね。
いままで、わたしのことを守ってくれてありがとう。
あなたのこと、やっと、よくわかったよ。
これからも一緒にいてね。
でも、もう
無理はしなくていいからね。

早く手放したい、
イヤだと思っていた
問題の本当の姿は、
わたしの大切な味方だった。

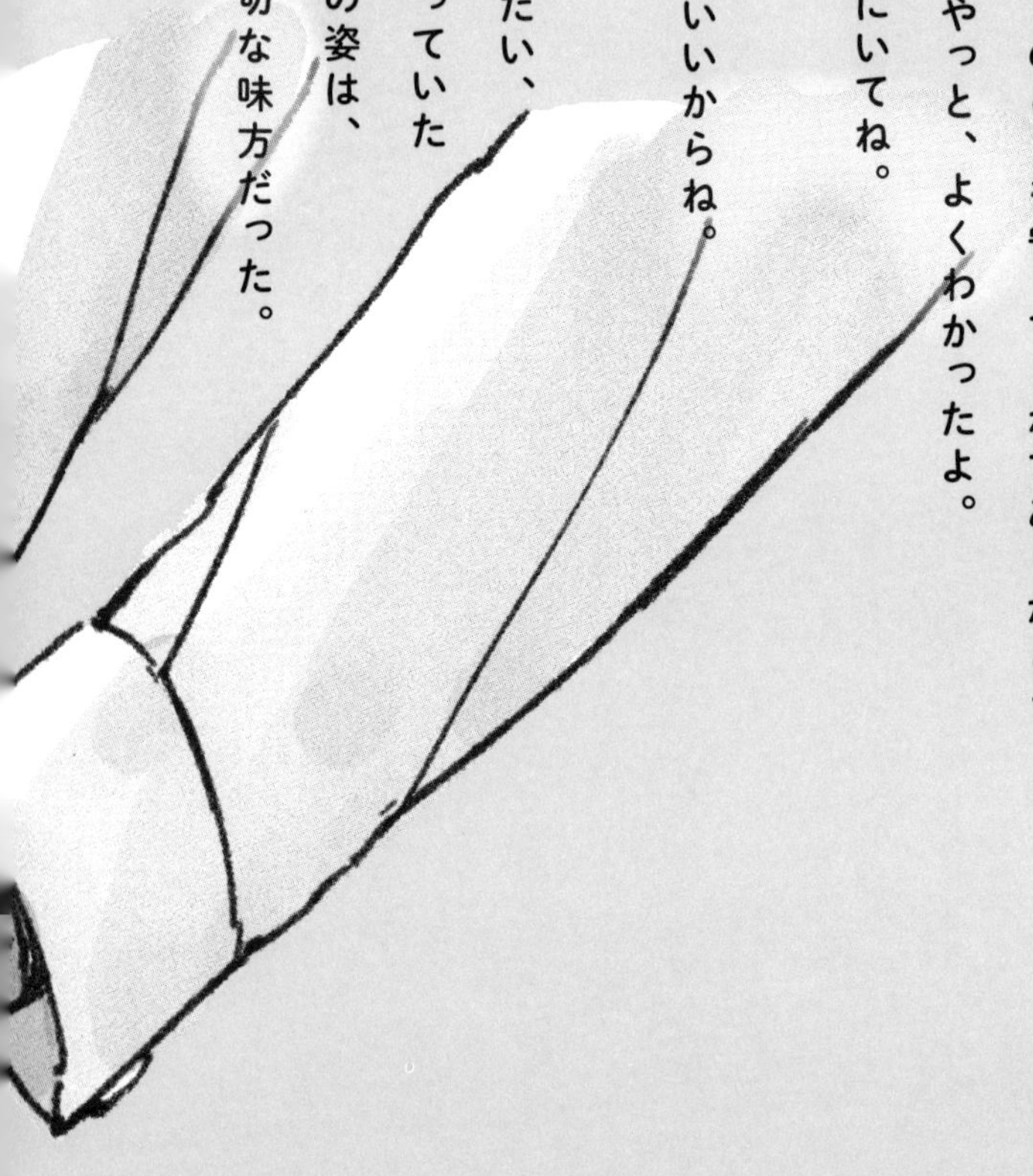

わたしを一番に考えてくれる、
心優しいナイトくん。
大切なわたしの一部。
こんなに側《そば》にいたのに、
いままで気づかなかったんだ。
わたしをずっと守ってくれてありがとう。

また何度でもお話ししようね。

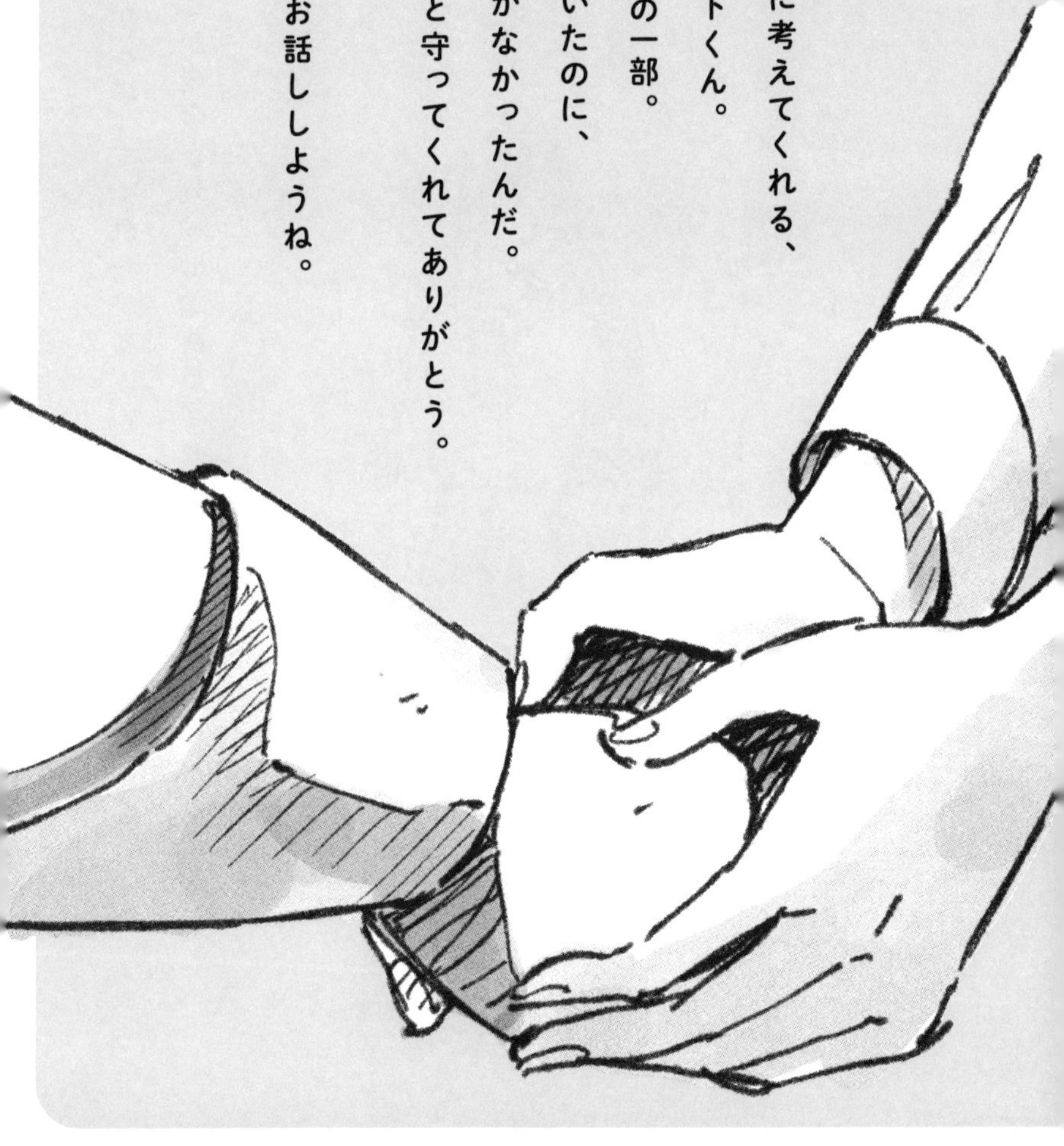

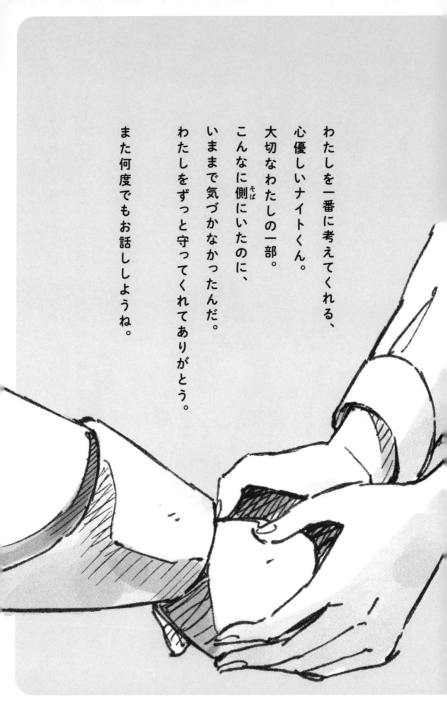

わたしを助けようとがんばってくれたナイトくんを理解し、わかりあうこと。
その瞬間から、わたしが統合され、心が解放されていくのがわかる。

わたしの味方は、
いつだってわたしの中にいる。
これからも、わたしは何度だって、「わたし」を助けに行こう。
何度だって、「わたし」と対話をしよう。

わたしは「わたし」を抱きしめた。
わたしのために一生懸命ここまで生きてくれて、ありがとう。

ひとりぼっちのときも、
失敗したときも、
つらくて寝込んでいたときも、
どんなに苦しいときだって、
もうすべてがイヤになって投げ出したいときだって、

わたしをけっして見限らないで、
わたしの側にずっといてくれた人がいた。
それは「わたし」だ。

「わたし」は、けっして
わたしを見捨てなかった。
いつも隣にいてくれた。
いつも信じていてくれた。
必ずよくなるって、大丈夫だよって、
本当はずっと励ましてくれていたんだ。
だから、ここまで生きてこられたんだ。

ありがとう、わたし。
これからも、一緒にいようね。

わたしが「わたし」を助ける物語は
これからも続いていく。
それは、
わたしが「わたし」と手をつないで、
ともに生きていく物語だ。

エピローグ

これから、太陽のように輝く あなたの本質が現れる

「曇り空」が自分そのものと思っていませんか？

ここまでお読みいただきありがとうございました。

この本を通して、あなたの中のナイトくんの存在に、まずは少しでも気づいてもらえたら幸いです。

なおこの場をお借りして、私が20代の頃の処女作よりご縁をいただき、今回本書の制作で再びご一緒できた編集の金子尚美さん、支えてくださった心理セラピストの木村多花さんに心より感謝申し上げます。

ナイトくんたちとの対話を深め、自分自身の理解が深まると、**まるで自分自身の謎が解けていくかのように、自分がいままでなぜうまくいかなかったのかが深く理解できるようになります。**

そしてナイトくんと手をつなぐこと（自己統合）が進むと、ナイトくんと入れ替わっていないときの、本当のあなた、本質のあなた、が現れてくるようになります。

その頃から、さらに人生そのものが劇的に変化していきます。

本当のあなた、あなたの本質は、太陽のように輝いています。

しかし、いままで生きてくる中で傷が増え、積み重なるたびに、ちょうど曇り空で太陽が見えないように、どんよりした状態になっていきます。

それが、あなたがいま認識している「自分自身」です。

太陽であり、晴れ空である本来のあなたが、**あまりにも長く雲で覆われてきているため、その曇り空が自分そのものだと思ってしまっているイメージです。**

その雲の上には、いつでも太陽があるように、本当のあなたはけっして変わったり消えたりしないのですが、それが隠されてしまっている状態です。

あなた自身が、あなたの素晴らしい本質に気づいていないのです。

本書を通し、「ナイトくんワーク」をはじめ、自分を理解することを続けていくと、やがてこの雲が少しずつ晴れていきます。

そして太陽のように、あたたかで、落ち着いていて、前向きで、優しくて穏やかな、あなたの本質、本当のあなたが顔を出しはじめます。


そのためには、焦らず、ゆっくり進むことが大切です。

「早く変わりたい！」「早く問題を解決したい！」

その気持ちはよくわかります。でもそれは言い方を換えると、いままで必死に生きてきた、これまでの自分自身を否定しているのと同じです。

不器用であっても、悩み苦しむことが多くても、自分なりのやり方で、自分なりに自分を守りながら、必死にここまで生きてくることができたのです。

あなたも、あなたのナイトくんも一生懸命がんばってきたからこそ、ここまで歩いてこられたのです。

その証拠に、いまここで、あなたはちゃんと息をしています。

しっかり、生きてきたのです。

どうか、そんないまの自分自身を、まずは抱きしめてあげてください。

そして、ともに隣でがんばってくれていたナイトくんも、一緒に抱きしめてあげてください。

最後に忘れないでほしいこと

この本でご紹介した「ナイトくんワーク」の一連の流れは、アメリカの哲学者／心理学者のジェンドリン（Eugene T. Gendlin）のフォーカシングをベースに、私の臨床経験を通して培った心理療法メソッドを付け加え、アレンジをした心理療法ワークの導入基礎の部分です。

取り組みやすいように必要最低限の内容に絞っています。

本来、非常に奥が深く、さまざまな視点をもって行うものですが、はじめての方に向けて、文章でも伝わるように、なるべくシンプルでわかりやすいことを追求しました。


さらに深く取り組みたい方は、もっともっと掘り進めていくことができます。

たとえばナイトくんがしてほしいこと、してほしかったことを聞いてあげる。

ナイトくんが本当はやりたかったこと、この先やりたいことを聞く。

ナイトくんが守っている「あなたの心の傷そのもの」と対話をする。

……と、さらに深めていくことができます。

他にも、もっと学びたい方は、私が発信しているYouTubeチャンネル「橋本翔太の人生リノベーション！」も参考にしてください。

心と自己実現に特化した栄養療法、上級編の「ナイトくんワーク」などの心理療法については、【橋本翔太　心理学】で検索して公式サイトをご覧ください。

私の活動がお役に立てれば幸いです。

最後に、忘れないでほしいことがひとつあります。

どんなに苦しい日も、つらい日も、何もかも投げ出したい日も、誰にもわかってもらえずに孤独に泣いた夜も、夢に向かってがんばりつづける毎日も、あなたの側《そば》を片時も離れず、あなたを守ろうといつも必死でがんばってくれていた人がいます。

あなたのことを誰よりも大切に思い、心配し、あなたのことを誰よりも理解している人がいます。

それはあなた自身です。

あなただけは、あなたを見限らなかったのです。

いつもあなたを信じていたのです。

そしていまも、あなたを信じ、この先何があってもけっしてあなたを見捨てないし、ひとりにしません。いつでもあなたの側にいてくれます。

だから大丈夫。大丈夫なんです。

自分と一緒に手をつないで、明日に向かって歩いていきましょう。

ありがとうございました。

橋本翔太

参考文献・参考サイト

『Secondary Gain』（Jacques van Egmond／Lambert Academic Publishing）

『フォーカシング』（ユージン・T・ジェンドリン著／村山正治、都留春夫、村瀬孝雄訳／福村出版）

『新装版　フロイト著作集』第６巻（ジークムント・フロイト著　小此木啓吾、井村恒郎、吾郷晋浩、青木宏之、馬場謙一訳／人文書院）

『内的家族システム療法スキルトレーニングマニュアル』（F. G. アンダーソン、M. スウィージー、R. C. シュワルツ著／浅井咲子、花丘ちぐさ、山田岳訳／岩崎学術出版社）

『「いごこち」神経系アプローチ　４つのゾーンを知って安全に自分を癒やす』（浅井咲子著／梨の木舎）

『心理教科書 公認心理師』シリーズ（公認心理師試験対策研究会／翔泳社）

『人と人との間』（木村敏著／弘文堂）

『ことばが劈かれるとき』（竹内敏晴著／筑摩書房）

『シンプルで合理的な人生設計』（橘玲著／ダイヤモンド社）

『世界はなぜ地獄になるのか』（橘玲著／小学館）

『「聴く」ことの力』（鷲田清一著／阪急コミュニケーションズ）

『聴くだけうつぬけ』（橋本翔太著／フォレスト出版）

『あなたの人生は食べたもので決まる』（橋本翔太著／フォレスト出版）

※

「公認心理師」厚生労働省webサイト

「頑張りやさんの長女のための心理セラピー」木村多花ブログ

「心理カウンセラー【公認心理師】橋本翔太の人生リノベーション！」橋本翔太YouTubeチャンネル

本書をお読みくださったあなたへ

感謝の気持ちを込めた「プレゼント」のご案内

本書をお読みいただきありがとうございました。

橋本翔太より、感謝の気持ちを込めて読者プレゼントを用意いたしました。ぜひ、ご活用ください。

プレゼント内容

1. 『わたしが「わたし」を助けに行こう ——自分を救う心理学—— 』特別音声〔♪〕
2. 泣く泣く割愛した幻の原稿を音声解説でお届け〔♪〕
3. もっとナイトくんを見つける！専用プロファイルシート2種類〔PDF〕

詳細は下記よりアクセスしてください。
https://shota-h.com/knight-kun

橋本翔太

（はしもと・しょうた）

公認心理師。国立・埼玉大学にて音楽教育学を、同大学院にて学校臨床心理学を専修、修士課程修了。小・中・高等・特別支援学校、各教員免許取得済。私立中高一貫校の音楽教員を経て、公認心理師、音楽療法家となる。幼少期の難病や家族問題、東日本大震災後の不調に苦しむも乗り越え、【「心理療法」「栄養療法」「音楽療法」の3本柱】で人生と心を回復・飛躍させる【人生リノベーション】メソッド、心の改善と自己実現に特化した【コーダサプリメント】、独自の音楽療法【ピアノセラピー】シリーズを開発。大きな反響を呼ぶ。現在は、「人生リノベーション学校」運営。日本全国各地だけではなく、海外からも受講者が集まっている。登録者18万人超のYouTubeチャンネルも好評を得ている。著書に『聴くだけうつぬけ』『あなたの人生は食べたもので決まる』（共にフォレスト出版）、『大丈夫、あなたの心は必ず復活する』『「他人（ひと）から どう思われているか」気になったとき読む本』（共にKADOKAWA）、『弾くヒーリング ピアノセラピー（楽譜集）』（ドリーム・ミュージック・ファクトリー）など多数。

YouTubeチャンネル
「心理カウンセラー【公認心理師】
橋本翔太の人生リノベーション！」

わたしが「わたし」を助けに行こう
――自分を救う心理学――

2024年4月10日　初版発行
2024年6月25日　第6刷発行

著　者　　橋本翔太
発行人　　黒川精一
発行所　　株式会社 サンマーク出版
〒169-0074
東京都新宿区北新宿2-21-1
(電)03-5348-7800
印刷・製本　中央精版印刷株式会社

ISBN978-4-7631-4108-8　C0030
ホームページ　https://www.sunmark.co.jp